基于现金流分析的高校财务风险预警模型研究

李红娟　刘伊　张远康　著

延边大学出版社

图书在版编目（ＣＩＰ）数据

基于现金流分析的高校财务风险预警模型研究 / 李
红娟, 刘伊, 张远康著. -- 延吉：延边大学出版社,
2018.11
　　ISBN 978-7-5688-6335-3

　　Ⅰ. ①基… Ⅱ. ①李… ②刘… ③张… Ⅲ. ①高等学
校－财务管理－研究－中国 Ⅳ. ①G647.5

中国版本图书馆 CIP 数据核字(2018)第 256709 号

基于现金流分析的高校财务风险预警模型研究

著　　者：李红娟　刘　伊　张远康
责任编辑：刘　奕
封面设计：延大兴业
出版发行：延边大学出版社
社　　址：吉林省延吉市公园路 977 号　　邮　　编：133002
网　　址：http://www.ydcbs.com　　E-mail：ydcbs@ydcbs.com
电　　话：0433-2732435　　传真：0433-2732434
制　　作：山东延大兴业文化传媒有限责任公司
印　　刷：延边延大兴业数码印务有限责任公司
开　　本：787×1092　1/16
印　　张：16.5
字　　数：200 千字
版　　次：2019 年 6 月第 1 版
印　　次：2019 年 6 月第 1 次
书　　号：ISBN 978-7-5688-6335-3

定价：68.00 元

作者简介

李红娟（1981 年 7 月- ）女，湖南衡阳人，硕士研究生，长沙师范学院，研究方向：财务管理，注册会计师、税务师、资产评估师；十年以上高校本科财务管理教学经验；现任长沙师范学院财务管理专业负责人兼教研室主任。主持湖南省教育科学"十三五"规划课题 1 项，湖南省教学改革研究课题 1 项，主持横向课题 3 项，发明专利 4 项，发表论文 30 余篇，出版专著 2 部，主编教材 2 部。

刘伊（1991 年 8 月- ）女，湖南邵阳人，长沙师范学院经济管理系专任教师。主持全国教育科学"十三五"规划教育部青年项目 1 项和院级教学改革项目 1 项，参与编写《现代审计实务》《财务管理》等教材 4 部，有 10 多篇论文发表于各类报刊，曾获"2016 年湖南省微课大赛一等奖""2017 年湖南省青年教师课堂竞赛三等奖"等奖项。

张远康（1983 年 10 月- ），湖南沅陵人，硕士学历，讲师，毕业于湖南师范大学，现任职于长沙师范学院，主要研究方向为财务管理。曾主持省部级以上项目 1 项，发表学术论文多篇，其中全国中文核心期刊 1 篇。荣获省高等教育省级教学成果二等奖（排名第三），发明实用新型专利 4 项，出版学术专著 1 部，指导湖南省大学生研究性学习和创新型实验项目 1 项，先后荣获"优秀人民教师"等荣誉称号。

前　言

随着教育资源的国际化趋势以及我国高校独立法人地位的确立，高校正在推进市场化进程。一方面，高校作为非营利组织，长期缺少商业领域中的强制性责任机制，所以建立与现代大学制度相适应的新型财务管理模式，是我国高校面临的重要课题；另一方面，高校财务普遍缺乏相应的风险防范措施，与其无法提供动态资金的运行情况息息相关，致使资金使用存在盲点。高校资金运营的管理是风险管理的核心，资金管理水平的高低决定了高校财务管理水平的高低。从现金流角度对高校财务风险进行研究，构建评价指标，更能客观地评价高校的风险状况及财务支付能力。结合高校现金流的特点和内容，从资金结构、运营活动、筹资活动和投资活动进行风险分析，并通过构建财务风险指标体系进行评价，以验证所构建的评价指标体系的有效性，为高校现金流管理提供可行的方法，以提高资金使用效益，促进高校事业的可持续发展。

本文系长沙师范学院院级重点学科"企业管理"阶段性研究成果（编号：120202）；湖南省教育科学"十三五"规划 2017 年度课题：基于现金流分析的湖南省新升格本科院校财务风险预警模型构建研究（编号：XJK17CJG002）；2016 年湖南省普通高等学校教学改革研究项目：基于 VAC-CDIO 理念的财务管理专业应用型人才培养模式的创新与实践（编号：982）；2017 年度湖南省哲学社会科学基金项目：基于互联网平台游客行为与城市旅游意象建构研究（编号：17YBA025）。

本书的具体分工如下：李红娟（长沙师范学院）负责第一至六章的内容，刘伊（长沙师范学院）负责第七、八章的内容，张远康（长沙师范学院）负责第九章的内容，谢慕冰（长沙师范学院）负责第十章的内容，共计 20 万字。

在写作过程中得到了相关领导的支持和鼓励，同时翻阅了大量的参考文献，学习和借鉴了有关专家、学者的研究成果，在此表示诚挚的感谢！由于时间及能力有限，书中难免存在疏漏与不妥之处，欢迎广大学者、读者给予批评指正！

目　录

第一章 财务管理总论

第一节 财务管理的基本概念

一、财务管理的含义

财务指政府、企业和个人对货币资源的获取和管理。狭义的财务指有关资金的筹集、投放和分配的管理工作，广义的财务指基于企业再生产过程中的财务活动和财务关系而产生的综合性经济管理工作。企业财务活动是经营实体涉及资金的活动，即开展生产经营活动所涉及的筹集、运用和分配资金的活动。

财务管理是运用专门的方法，利用价值形式，对企业经营过程进行资金筹集、运用和分配的管理以及处理财务活动过程中所发生的各种财务关系，以期达到企业财务管理目标乃至企业目标的管理活动。要理解企业财务管理的基本概念，就必须了解资金运动、财务活动及财务关系等相关概念。

资金是企业生产经营过程中商品价值的货币表现，其实质是再生产过程中运动着的价值。资金运动指企业实物商品运动和金融商品运动过程中的价值运动。

企业的生产经营过程就是再生产过程。在企业再生产过程中，企业拥有的各种财产物资随着生产经营活动的不断进行，形成企业的物资运动。企业各种财产物资的价值形态也不断地随之发生变化，有规律地进行循环和周转，实现着价值的增值，形成企业的资金运动。企业再生产过程是实物商品使用价值的生产和交换与价值的形成和实现过程的统一。实物商品经过采购、生产和销售三个基本环节，既表现为其使用价值的实现过程，又表现为实物商品的价值运动过程。

企业的资金从货币形态开始，依次通过采购、生产、销售三个阶段，又回到货币形态的运动过程被称为资金循环；企业资金周而复始的循环被称为资金周转。企业的资金运动就是在资金的循环与周转中进行的，企业的再生产过程从现象上看表现为形形色色的物资运动，而其背后则是资金运动。

资金运动的过程是企业获得增值的过程，企业的资本运动即价值运动，也称为资金运动。马克思在《资本论》中揭示了企业资金循环周转的基本过程，这一循环可以简化为"G—W—G"。企业资金从货币形态转到其他资金形态，又回到货币形态的运动过程可以进一步分解为：资本获得、资本使用、资本增值后的分配三个过程。

企业资金运动构成企业经济活动的独立方面，它不仅表现了物资的价值运动，而且体现了企业同社会各方面的经济利益关系。这种由企业资金运动所体现的经济利益关系通常被称为财务关系。

二、财务活动与财务关系

1.财务活动

如前所述，企业资金运动过程是资金形态的不断转化及资金增值过程，这一过程是通过一系列的财务活动实现的。所谓财务活动指资金的筹集、投资、营运及分配等一系列行为。其中筹资活动是资金运动的前提，投资活动是资金运动的关键，分配活动是作为投资成果进行的，体现了企业投资与筹资的目标要求。

资金是企业进行生产经营活动的前提条件，因此筹资活动是资金运动的起点。所谓筹集资金，指企业为了满足生产经营投资和用资的需要，筹措所需资金的过程。无论企业采取何种渠道和方式筹集资金，其途径不外乎以下 3 种：一是接受投资者投入的资金，即企业的资本金和资本公积金；二是通过企业的生产经营而形成的积累，即盈余公积金和未分配利润，它和前一种资金合称为企业的所有者权益，形成所有者权益的资金称为权益资金；三是向债权人借入的资金，即企业的负债，形成企业负债的资金称为负债资金。在筹资过程中，既要合理确定筹资总量和时间，选择好筹资渠道和方式，又要降低资金成本，合理确定资金结构，充分发挥财务杠杆的作用，降低财务风险。

资金的营运是把筹集到的资金合理地投放到生产经营的各项资产上，是对各种资产的投资和营运过程。按资金占用时间的长短通常将资金营运分为长期资金的营运和短期资金的营运。长期资金的营运包括房屋、建筑物等固定资产、长期股权投资、无形资产和其他资产项目的投资；短期资金的营运包括原材料、商品等的采购活动，当然也包括资金占用时间长短不一的证券投资等。通常将长期资金的管理纳入"投资管理"，短期资金的管理纳入"营运资金管理"。

投资是筹资的目的和归宿，也是筹资的实现和保证。在投资过程中，既要确定投资的规模，分析各种投资的经济效益，又要合理安排投资结构，以求降低投资风险。

资金的分配就是将企业取得的经营收入进行分配。企业通过投资过程取得收入，包括营业收入、投资收益等。将取得的收入用以补偿生产经营耗费、缴纳流转税（如增值税、消费税等）之后就形成了企业的息税前收益。息税前收益首先用于支付债权人的利息，依法缴纳所得税后向投资者分配。利息是在缴纳所得税前进行分配的，而支付给投资者的利润是在税后进行的。这里的税前与税后的不同就影响着两种资金的使用成本。因此在筹资过程中要对此予以考虑。同时需要明确的是，支付利息是企业的法定义务，不论企业是否有利润，都必须向债权人支付利息，而向投资人分配利润的多少主要取决于企业的盈利情况，不构成法定义务。

在整个资金运动过程中，每个环节管理得好坏都会影响到其他环节。有了较好的筹资管理，就会有较多的投资机会和较低的投资成本以及较多的收益以供分配；有了较好的长短期投资管理，就会实现较多的利润，提供较多的资金；有了较好的利润分配管理，就能调动投资各方的积极性，创造更多的筹资途径和投资机会。所以，在进行财务管理时，必须要把这几项内容联系起来，统筹安排。

2.财务关系

企业的财务活动是以企业为主体来进行的，企业作为法人在组织财务活动的过程中，必然与企业内外部有关各方发生广泛的经济利益关系，这就是企业的财务关系。企业的财务关系可概括为以下几种：

（1）企业与国家行政管理者之间的财务关系

政府作为国家行政管理者，担负着维护社会正常的秩序、保卫国家安全、组织和管理社会活动等任务。政府为完成这一任务，必然无偿参与企业利润的分配，企业则必然按照国家的税法规定缴纳各种税款，包括所得税、流转税和计入成本费用的税金。这种关系体现了一种强制和无偿的分配关系。

（2）企业与投资者之间的财务关系

这主要指企业所有者向企业投入资本形成的所有权关系。企业的所有者主要有：国家、个人和法人单位，它具体表现为独资、控股和参股关系。企业作为独立的经营实体，独立经营，自负盈亏，实现企业所有者资本的保值与增值。所有者以出资人的身份，参与企业税后利润的分配，体现为所有权性质的投资与受资的关系。

（3）企业与债权人之间的财务关系

这主要指债权人向企业贷放资金，企业按借款合同的规定按时支付利息和归还本金所形成的财务关系。企业的债权人主要有金融机构、企业和个人。企业除利用权益资金进行经营活动外，还要借入一定数量的资金，以便扩大企业经营规模，降低资金成本。企业同债权人的财务关系在性质上属于债务与债权关系。在这种关系中，债权人不像资本投资者那样有权直接参与企业经营管理，对企业的重大活动不享有表决权，也不参与剩余收益的分配，但在企业破产清算时享有优先求偿权。因此债权人投资的风险相对较小，收益也较低。

（4）企业与受资者之间的财务关系

这主要指企业以购买股票或直接投资的形式向其他企业投资所形成的财务关系。随着市场经济的不断深入发展，企业经营规模和经营范围的不断扩大，这种关系将会越来越广泛。企业与受资者的财务关系体现了所有权性质的投资与受资的关系。企业向其他单位投资，依其出资额可形成独资、控股和参股关系，并根据其出资份额参与受资方的重大决策和利润分配。企业投资的最终目的是取得收益，但预期收益能否实现也存在一定的风险。投资风险越大，要求的收益越高。

（5）企业与债务人之间的财务关系

这主要指企业将资金以购买债券、提供借款或商业信用等形式出借给其他单位所形成的财务关系。企业将资金借出后，有权要求其债务人按约定的条件支付利息和归还本金。企业同其他债务人的关系体现了债权与债务关系。企业在提供信用的过程中，一方面会产生直接的信用收入，另一方面也会发生相应的机会成本和坏账损失的风险，企业必须考虑两者的平衡。

（6）企业内部各单位之间的财务关系

这主要指企业内部各单位之间在生产经营各环节中相互提供产品或劳务所形成的财务关系。企业内部实行责任预算和责任考核与评价的情况下，企业内部各责任中心之间相互提供产品与劳务，应以内部转移价格进行核算。这种在企业内部形成的资金结算关系体现了企业内部各单位之间的利益均衡关系。

（7）企业与职工之间的财务关系

这主要指企业向职工支付劳动报酬过程中所形成的财务关系。职工是企业的劳动者，他们以自身提供的劳动作为参加企业分配的依据。企业根据劳动者的劳动情况，用其收入向职工支付工资、津贴和奖金，体现了职工个人和集体在劳动成果上的分配关系。

企业在财务管理中必须正确认识和处理各种经济利益关系，切实维护各个利益主体的合法权益，只有这样才能树立企业的良好形象，奠定企业的发展基础，有利于企业的生存和发展，有利于企业财务管理目标的最终实现。

三、财务管理的特征

企业生产经营活动的复杂性，决定了企业管理必须包括多方面的内容，如生产管理、技术管理、物流管理、人力资源管理、战略管理、财务管理等。各项工作是相互联系、紧密配合的，同时又有科学分工，具有各自的特征。财务管理的特征有如下几个方面：

1.财务管理是一项专业管理与综合管理相结合的理财管理活动

现代企业的管理活动，通过有效的分工和分权的方式，形成了一种系统的专业化管理模式。在该模式中，有的侧重于实物、技术或人员管理，有的侧重于价值形式的管理。财务管理是以价值形式为主的专业化管理。具体地讲，企业财务管理是以企业的市场、经营、技术和物流管理为基础，最终以货币形式来表现的一种特殊管理活动。正因为如此，公司财务具有高度的系统性、联系性和完整性，这是任何其他管理形式所无法替代的。

现代企业的财务管理又是一项综合性的管理活动。它并不排斥价值形式的管理活动，而是以企业经营活动中的各项物质条件、人力资源、经营特点和过程、管理要求和目的等作为其管理的基础，并通过价值形式的管理，运用财务预测、预算、控制、决策和分析及考核等方法，将其有效地协调起来，形成一种专业性很强的综合管理方式。企业一定时期的各项经营和财务管理效果的好坏，最终都会在企业财务指标和财务状况中得以充分地体现。如果一个公司的财务指标长期恶化，没有人会相信它是一个好公司。同样，如果一个公司的财务指标长期表现良好并且稳定，至少可以说明该公司到目前为止是一个运营正常的公司。

2.财务管理与企业经营管理有着广泛的联系

虽然企业的财务管理是相对独立的管理活动，但它并不是孤立的，而是以企业各项经营管理活动为基础的，并与其有着非常紧密的联系。企业中所有的资金运作和各项收支活动都是由企业经营活动引起的，即公司为了长短期经营目的所导致的资金流都是由企业物流运动所引起的。即便是纯粹的财务运作，如股利分配等，也是为企业一定时期的管理战略和具体管理目标服务的。

高水平的公司财务管理应当涉及和覆盖企业长短期经营管理的每个方面和每个环节。而企业管理的每个部门都会在资金运用过程中与公司的财务部门发生联系，因此公司财务管理部门应该建立有效的财务预测、预算和考核制度，促使各部门在企业财务制度和财务控制的制约下，高效合理地使用资金，提高资金的利用水平。

3.财务管理在反映企业生产经营状况方面具有高灵敏度的特点

财务管理能迅速提供反映生产经营状况的财务信息。企业的财务状况是经常变化的，具有很强的敏感性。各种经济业务的发生，特别是经营决策的得失、经营行为的成败，都会及时在财务状况中表现出来。成品资金居高不下，往往反映产品不适销对路；资金周转不灵，往往反映销售货款未及时收取，并会带来不能按期支付材料价款、不能偿还到期债务的后果。财务管理部门通过向企业经理人员提供财务状况信息，可以协助企业领导适时控制和调整各项生产经营活动。

综上所述，财务管理在企业生产经营决策中起了比较关键的作用，搞好企业财务管理对于改善企业经营管理、提高企业经济效益具有独特的作用。

第二节　财务管理的目标

一、财务管理目标的内涵

从根本上说，财务管理目标取决于企业目标，取决于特定的社会经济模式。企业作为一个营利性组织，其出发点和归宿是获利。在激烈的竞争环境中，企业必须生存下去才可能获利，只有不断发展才能求得生存。因此，企业的目标可以概括为生存、发展、获利，这就决定了企业财务管理的目标必须符合并满足企业总体目标的要求。同时，财务管理目标具有体制性特征。整个社会经济体制、经济运行模式和企业所采用的组织制度，在很大程度上决定着企业财务管理目标的取向。根据现代企业财务管理理论和实践，关于企业财务管理目标的综合表达主要包括以下几种最具有代表性的观点：

1.利润最大化

这种观点认为，利润代表了企业新创造的财富，直接反映了经营者的经营业绩，利润越多，说明企业的财富增加得越多，越接近企业的目标。企业财务管理的目标是追求企业利润的最大化。利润最大化观点来自经济学理论，西方许多经济学家都是以利润最大化来分析和评价企业行为和业绩的，如亚当·斯密、大卫·李嘉图等古典经济学家都认为企业的目标是利润最大化。20 世纪 50 年代以前，西方财务理论界也大多认为以利润最大化作为目标是财务管理的最佳选择。

以利润最大化作为企业财务管理目标的优势在于：①利润是企业全部收入和全部费用的差额，是按照收入与费用配比原则加以计算的，它可以直接反映企业创造剩余产品的多少，在一定程度上体现着企业经济效益的高低；②利润是企业补充资本、扩大经营规模的源泉，利润最大化对所有者（股东）和企业都是有利的；③在自由竞争的资本市场中，资本的使用权最终属于获利最多的企业，如果每个企业都最大限度地获得利润，整个社会的财富就可以实现最大化，从而带来社会的进步和发展。

2.资本利润率或每股收益最大化

资本利润率指企业税后净利润与权益资本额的比率。每股收益也称为每股盈余，是企业税后净利润与普通股股数的比率。这种观点认为，权益资本或股份代表了企业所有者对企业所拥有的资本权利，而所有者作为企业的投资者，其投资目标是取得资本收益，具体表现为净利与出资额或股份数的对比关系，企业财务管理的目标是追求权益资本收益或股东每股收益的最大化。

以资本利润率最大化或每股收益最大化作为企业财务管理目标的优势是把企业实现的利润同投入的资本或股本数进行对比，能够说明企业当前的盈利水平，可以在不同资本规模的企业或同一企业不同时期之间进行比较，揭示其盈利水平的差异。

3.股东财富最大化

这种观点认为，企业为投资者（股东）所有，而股东之所以投资创办企业，就是为了使投入的资本保值、增值，获得尽可能多的财富。按照委托代理理论，企业的实质就是由一系列委托代理关系组成的合同契约关系。企业的资本是由股东提供的，企业日常财务管理工作由受委托的经营者负责处理，基于委托代理条件下的受托的财产责任，经营者应最大限度地谋求股东的利益，提高资本报酬，增加股东财富。因此，企业财务管理的目标是要追求股东财富最大化。在股份公司中，股东财富由股东所拥有的股票数量和股票市场价格两方面决定。当股票数量既定时，股东财富最大化直接表现为股票价格最大化。股票价格代表了股东财富，股价高低反映了财务管理目标的实现程度。

以股东财富最大化即股价最大化作为企业财务管理目标的优势在于：①股东财富最大化目标考虑了盈余水平、时间价值和风险因素，因为每股盈余的大小、取得的时间及其风险高低会对股票价格产生重要影响；②股东财富最大化目标在一定程度上能够克服企业在追求利润上的短期行为，因为不仅企业目前的盈利水平会影响股价，预期未来的盈利水平对股价也会产生重要影响；③股东财富最大化尤其是股票价格最大化目标具有客观性，容易量化，便于考核和奖惩。

二、财务管理目标的协调

现代的公司是法人实体，是广大的股东拿出钱来投资到一起，按照事先约定的公司章程来独立运作的营利性组织。对于公司法人而言，股东是出资人，但他们中间的绝大多数人并不直接参与经营，只是依法享有企业经营成果的收益权、剩余财产索取权和重大经营活动知情权。公司的经营活动由职业经理班子即经营者来组织进行，有关经营活动的细节，经营者没有向大股东事先征求意见的必要。企业是股东的企业，财务管理的目标也就是股东的目标。股东委托经营者代表他们管理企业，为实现他们的目标而努力，但经营者与股东的目标并不完全一致。

企业的资金除了股东的投资外，还包括借入资金。换句话说，股东和债权人都为企业提供了财务资源。债权人将资金借给企业，并不是为了"股东财富最大化"，与股东的目标也不一致。

股东、经营者和债权人是公司最重要的三方利益相关者。公司必须协调这三方面的利益冲突，才能实现"股东财富最大化"的目标。

1.股东与经营者的矛盾与协调

股东财富最大化直接反映了股东的利益，与企业经营者没有直接的利益关系。对股东来讲，他所放弃的利益也就是经营者所得的利益。这种被放弃的利益也称为股东支付给经营者的享受成本。但问题的关键不是享受成本的多少，而是在增加享受成本的同时，是否更多地提高了股东财富。因而，经营者和股东的主要矛盾就是经营者希望在增加股东财富的同时，能更多地增加享受成本；而股东则希望以较小的享受成本支出带来更多的股东财富。

为了防止经营者背离股东的目标，一般有两种方式：

（1）监督

经营者背离股东的目标，其主要原因是双方存在信息不对称和利益冲突。由于经营者了解的信息比股东多，经营者基于自身的利益，可能出现"道德风险"和"逆向选择"。解决这一问题的主要途径就是让股东获取更多的信息，并对经营者进行监督，在经营者背离股东目标时，减少其各种形式的报酬，甚至解雇他们。实际经济生活中，股东是分散的或者远离经营者，股东也并不都是财务、会计的行家，股东亲自监督经营者的代价是高昂的，很可能超过它所带来的收益。因此，股东支付审计费聘请注册会计师进行审计鉴证。但注册会计师的审计鉴证往往限于审计财务报表，而不是全面审查所有管理行为人。股东对于情况的了解和对经营者的监督总是必要的，但由于受到监督成本的限制，不可能事事都监督。监督虽然可以减少经营者违背股东意愿的行为，但不能解决全部问题。

（2）激励

防止经营者背离股东利益的另一种方式是采用激励计划，使经营者分享企业增加的财富，鼓励他们采取符合股东最大利益的行动。例如，企业盈利率或股票价格提高后，给经营者以现金、股票期权奖励。支付报酬的方式和数量大小，有多种选择。报酬过低，不足以激励经营者，股东不能获得最大利益；报酬过高，股东付出的激励成本过大，也不能实现自己的最大利益。因此，激励可以减少经营者违背股东意愿的行为，但也不能解决全部问题。

通常，股东同时采取监督和激励两种方式来协调自己和经营者的目标。尽管如此，仍不可能使经营者完全按股东的意愿行动，经营者仍然可能采取一些对自己有利而不符合股东最大利益的决策，并由此给股东带来一定的损失，监督成本、激励成本和偏离股东目标的损失之间此消彼长，相互制约。股东要权衡轻重，力求找出能使上述三项之和最小的解决办法，它就是最佳的解决办法。

2.股东与债权人的矛盾与协调

股东的财务目标可能与债权人期望实现的目标发生矛盾。首先，股东可能要求经营者改变举债资金的原定用途，将其用于风险更高的项目，这会增大偿债的风险，债权人的负债价值也必然会实际降低。高风险的项目一旦成功，额外的利润就会被股东独享；但若失败，债权人却要与股东共同负担由此而造成的损失。这对债权人来说风险与收益是不对称的。其次，股东可能未征得现有债权人同意，就要求经营者发行新债券或举借新债，致使旧债券或新债券的价值降低（因为相应的偿债风险增加）。

为协调股东与债权人的上述矛盾，通常可采用以下方式：

（1）限制性借债

限制性借债，即在借款合同中加入某些限制性条款，如规定借款的用途、借款的担保条款和借款的信用条件等。

（2）收回借款或不再借款

收回借款或不再借款，即当债权人发现公司有侵蚀其债权价值的意图时，采取收回债权和不给予公司增加放款的方式，从而来保护自身的权益。

3.企业目标与社会责任

在全球商业格局下，市场经济中竞争的主体不再是单独的个体，而是各种利益相关者的投入或参与，比如股东、政府、债权人、员工、消费者、供应商，甚至是社区居民。均衡考虑所有利益相关者的利益诉求，对企业的长期生存和发展至关重要。

企业的目标和社会的目标在许多方面是一致的。企业在追求自己的目标时，自然也会使社会受益，例如，企业为了生存，必须生产出符合顾客需要的产品，满足社会的需求；企业为了发展，要扩大规模，自然会增加职工人数，从而解决社会的就业问题；企业为了获利，必须提高劳动生产率，改进产品质量，改善服务，从而提高社会生产效率和公众的生活质量。

企业的目标和社会的目标也有不一致的地方，例如，企业为了获利，可能生产伪劣产品，可能不顾工人的健康和利益，可能造成环境污染，可能损害其他企业的利益等。

股东只是社会的一部分人，他们在谋求自己利益的时候，不应当损害他人的利益。为此，国家颁布了一系列保护公众利益的法律，如《公司法》《中华人民共和国反不正当竞争法》《中华人民共和国环境保护法》《中华人民共和国合同法》《中华人民共和国消费者权益保护法》和《中华人民共和国产品质量法》等，通过这些法律调节股东和社会公众之间的利益。

一般来说，企业只要依法经营，在谋求自己利益的同时就会使公众受益。但是，法律不可能解决所有问题，况且目前我国的法制尚不健全，企业有可能在合法的情况下从事不利于社会的事情。因此，企业还要受到商业道德的约束，要接受政府有关部门的行政监督以及社会公众的舆论监督，从而进一步协调企业和社会的矛盾，促进构建和谐社会。

第三节　财务管理的原则

一、有关竞争环境的原则

有关竞争环境的原则，是对资本市场中人的行为规律的基本认识。

1.自利行为原则

自利行为原则指人们进行决策时按照自己的财务利益行事，在其他条件相同的情况下人们会采取对自己经济利益最大的行动。

自利行为原则的依据是理性的经济人假设。该假设认为，人们对每一项交易都会衡量其代价和利益，并且会选择对自己最有利的方案来行动。自利行为原则假设企业决策人对企业目标具有合理的认识程度，并且对如何达到目标具有合理的理解。在这种假设情况下，企业会采取对自己最有利的行动。自利行为原则并不认为钱是任何人生活中最重要的东西，或者说钱可以代表一切；而认为商业交易的目的是获利，从事商业交易时人们总是为了自身的利益做出选择和决定，否则他们就不必从事商业交易。自利行为原则也并不认为钱以外的东西都是不重要的，而是说在其他条件都相同时，所有财务交易集团都会采取对自己经济利益最大的行动。

自利行为原则的一个重要应用是委托——代理理论。根据该理论，应当把企业看成是各种自利的人的集合。如果企业只有业主一个人，他的行为将十分明确和统一。如果企业是一家大型的公司，那么情况就变得非常复杂，因为这些关系人之间存在利益冲突。一家公司涉及的利益关系人包括普通股东、优先股东、债券持有者、银行、短期债权人、政府、社会公众、经理人员、员工、客户、供应商、社区等，这些人或集团都是按自利行为原则行事的。企业和各种利益关系人之间的关系，大部分属于委托代理关系。这种相互依赖又相互冲突的利益关系，需要通过"契约"来协调。因此，委托代理理论是以自利行为原则为基础的。有人主张，把"委托代理关系"单独作为一条理财原则，可见其重要性。

2.双方交易原则

双方交易原则指每一项交易都至少存在两方，一方根据自己的经济利益决策时，另一方也会按照自己的经济利益决策行动，并且对方和你一样聪明、勤奋和富有创造力，因此决策时要正确预见对方的反应。

双方交易原则的建立依据是商业交易至少有两方、交易是"零和博弈"以及各方都是自利的。每一项交易都有一个买方和一个卖方，这是不争的事实。无论是买方市场还是卖方市场，在已经成为事实的交易中，买进的资产和卖出的资产总是一样多。例如，在证券市场上卖出一股就一定有一股买入。既然买入的总量与卖出的总量永远一样多，那么一个人的获利只能以另一个人的付出为基础。一个高的价格使购买人受损而卖方受益；一个低的价格使购买人受益而卖方受损，一方得到的与另一方失去的一样多，从总体上看双方收益之和等于零，故称为"零和博弈"。在"零和博弈"中，双方都按自利行为原则行事，谁都想获利而不是吃亏。那么，为什么还会成交呢？这与事实上人们的信息不对称有关。例如，买卖双方由于信息不对称，而对金融证券产生了不同的预期。不同的预期导致了证券买卖，高估股票价值的人买进，低估股票价值的人卖出，直到市场价格达到他们一致的预期时交易停止。如果对方不认为对自己有利，他就不会和你交易。因此，决策时不仅要考虑自利行为原则，还要使对方有利，否则交易就无法达成。除非对方不自利或者很愚蠢，不知道自己的利益是什么，然而，这样估计商业对手本身就是不明智的。

双方交易原则要求理解财务交易时不能"以我为中心"，在谋求自身利益的同时，要注意对方的存在以及对方也在遵循自利原则行事。这条原则要求我们不要总是自以为是，错误地认为自己优于对手。

3.信号传递原则

信号传递原则，指行动可以传递信息，并且比公司的声明更有说服力。信号传递原则是自利行为原则的延伸。由于人们或公司是遵循自利行为原则的，所以一项资产的买进能暗示出该资产物有所值，买进的行为提供了有关决策者对未来的预期或计划的信息。例如，一家公司决定进入一个新领域，反映出管理者对自己公司的实力及新领域的未来前景充满信心。

信号传递原则要求根据公司的行为判断它未来的收益状况。例如，一家经常用配股的办法找股东要钱的公司，很可能自身产生现金的能力较差；一家大量购买国库券的公司，很可能缺少净现值为正数的投资机会；内部持股人出售股份，常常是公司盈利能力恶化的重要信号。例如，安然公司在破产前报告的利润一直不断上升，但是其内部人士在1年前就开始陆续抛售股票，并且没有任何内部人士购进安然股票的记录（在美国上市公司的董事、高级经理人员和持股10%以上的股东，买卖本公司股票时必须向证监会申报，并且会被证监会在其网站上公告，使得内部人士的交易成为公开信息）。这一行动表明，安然公司的管理层已经知道公司遇到了麻烦。特别是公司的宣告（包括它的财务报表）与其行动不一致时，行动通常比语言更具说服力。这就是通常所说的，"不但要听其言，更要观其行"。

二、有关创造价值的原则

有关创造价值的原则，是人们对增加企业财富基本规律的认识。

1.有价值的创意原则

有价值的创意原则，指新创意能获得额外报酬的原则。

竞争理论认为，企业的竞争优势可以分为经营奇异和成本领先两方面。经营奇异，指产品本身、销售交货、营销渠道等客户广泛重视的方面在产业内独树一帜。任何独树一帜都来源于新的创意。创造和保持经营奇异性的企业，如果其产品溢价超过了为产品的独特性而附加的成本，它就能获得高于平均水平的利润。正是许多新产品的发明，使得发明人和生产企业变得非常富有。

有价值的创意原则主要应用于直接投资项目。一个项目依靠什么取得正的净现值？它必须是一个有创意的投资项目。重复过去的投资项目或别人已有的做法，最多只能取得平均的报酬率，维持而不是增加股东财富。新的创意迟早要被别人效仿，失去原有的优势，因此创新的优势都是暂时的。企业长期的竞争优势，只有通过一系列的短期优势才能维持。只有不断创新，才能维持经营的奇异性并不断增加股东财富。

2.比较优势原则

比较优势原则指专长能创造价值的原则。在市场上要想赚钱必须发挥你的专长。大家都想赚钱，你凭什么能赚到钱？你必须在某一方面比别人强，并依靠你的强项来赚钱。麦克尔·乔丹的专长是打篮球，若他改行去打棒球就违背了比较优势原则。没有比较优势的人，很难取得超出平均水平的收入；没有比较优势的企业，很难增加股东财富。

比较优势原则的依据是分工理论。让每一个人去做最适合他做的工作，让每一个企业生产最适合它生产的产品，社会的经济效益才会提高。

比较优势原则的一个应用是"人尽其才、物尽其用"。在有效的市场中，你不必要求自己什么都能做得最好，但要知道谁能做得最好。对于某一件事情，如果有人比你自己做得更好，就支付报酬让他代你去做。同时，你去做比别人做得更好的事情，让别人给你支付报酬。如果每个人都去做能够做得最好的事情，每项工作就找到了最称职的人，就会产生经济效益。每个企业都做自己能做得最好的事情，一个国家的效率就提高了。国际贸易的基础，就是每个国家生产它最能有效生产的产品和劳务，这样可以使每个国家都受益。

3.期权原则

期权指不附带义务的权利，它是有经济价值的。期权原则指估价时要考虑期权的价值。

期权的概念最初产生于金融期权交易，它指所有者（期权购买人）能够要求出票人（期权出售者）履行期权合同上载明的交易，而出票人不能要求所有者去做任何事情。在财务上，一个明确的期权合约通常指按照预先约定的价格买卖一项资产的权利。

广义的期权不限于财务合约，任何不附带义务的权利都属于期权。许多资产都存在隐含的期权。例如，一个企业可以决定某项资产出售或不出售，如果价格未令人满意就什么事也不做，如果价格令人满意就出售。这种选择权是广泛存在的。一个投资项目，本来预期有正的净现值，因此被采纳并实施了，开始以后却发现它并没有原来设想的那么好。此时，决策人不会让事情按原计划一直发展下去，而会决定撤销方案或者修改方案使损失减少到最低。这种后续的选择权是有价值的，它增加了项目的净现值。评价项目时就应考虑到后续选择权是否存在及其价值有多大。有时一项资产附带的期权比该资产本身更有价值。

第四节　财务管理的环境

一、经济环境

影响财务管理的经济环境因素主要有经济周期、经济发展水平和宏观经济政策等。

1.经济周期

在市场经济条件下，经济通常不会出现较长时间的持续增长或衰退，而是在波动中前行。经济运行沿着复苏、高涨、衰退、萧条四个阶段周而复始地循环，称为经济周期。

在经济周期的不同阶段，企业理财工作面临着不同的理财问题。经济周期处于高涨阶段，宏观经济环境和市场环境日益活跃：市场需求旺盛，订货饱满，商品畅销，利润上升，资金周转灵活，企业为扩大规模进行大量的筹资和投资活动。企业的供、产、销和人、财、物都比较好安排，企业的理财自然也就处于较为宽松有利的外部环境中。

经济周期处于萧条阶段，宏观经济政策和市场环境日趋紧缩：市场需求疲软，订货不足，商品滞销，利润下降，资金周转不畅。企业在供、产、销和人、财、物方面都会遇到很多困难。企业处于较恶劣的外部环境中。

我国的经济发展与运行也呈现其特有的周期特征，过去曾经历过若干次从投资膨胀、生产高涨到控制投资、紧缩银根和正常发展的过程，从而促进了经济的持续发展。企业的筹资、投资和资产运营等理财活动都要受这种经济波动的影响，比如在治理紧缩时期，社会资金十分短缺，利率上涨，会使企业的筹资非常困难，甚至影响到企业的正常生产经营活动。此外，由于国际经济交流与合作的发展，西方的经济周期影响也不同程度地波及我国。因此，要求企业财务人员对经济周期应有全面、正确的了解和认识，事前要做出科学的预测，并预先根据各阶段的特点和本企业的实际情况采取相应的对策和措施，掌握在经济发展波动中的理财本领。

2.经济发展水平

经济发展水平主要指投入水平、产出水平、人均收入水平等。经济发展水平，对企业理财有重大影响。近年来，我国的国民经济保持持续高速增长，不仅给企业扩大规模、调整方向、打开市场以及拓宽财务活动的领域带来了机遇，同时，由于高速发展中的资金短缺将长期存在，又给企业财务管理带来严峻的挑战。因此，企业财务管理工作者必须积极探索与经济发展水平相适应的财务管理模式。

3.宏观经济政策

经济政策是政府指导和影响经济活动所规定并付诸实施的准则和措施。宏观经济政策主要包括财税政策、金融政策、外汇政策、外贸政策、价格政策、投资政策、社会保障制度等。所有这些政策，都深刻地影响着我国的经济生活，也深刻地影响着我国企业的发展和财务活动的运行。如金融政策中货币的发行量、信贷规模都能影响企业投资的资金来源和投资的预期收益；财税政策会影响企业的资本结构和投资项目的选择等；价格政策能影响资金的投向和投资的回收期及预期收益等。可见，经济政策对企业财务的影响是非常大的。这就要求企业财务人员必须把握经济政策，更好地为企业的理财活动服务。

二、法律环境

财务管理的法律环境指企业和外部发生经济关系时所应遵守的各种法律法规等。市场经济是一种法治经济，企业的一切经济活动总是在一定法律规范范围内进行的。一方面，法律提出了企业从事一切经济活动所必须遵守的规范，从而对企业的经济行为进行约束；另一方面，法律也为企业合法从事各项经济活动提供了保护。影响企业财务管理的主要法律环境因素有企业组织法规、税收法规和财务法规等。

1.企业组织法规

企业组织法规是对企业的成立过程及成立以后的经营活动与理财活动做出的规定。企业是市场经济的主体，不同组织形式的企业所适用的法律是不同的。我国企业组织法规包括《中华人民共和国公司法》（后文简称《公司法》）《中华人民共和国中外合资经营企业法》《中华人民共和国外资企业法》《中华人民共和国合伙企业法》《中华人民共和国个人独资企业法》等，对各种不同类型的企业做出了法律规范。按照国际惯例。按组织形式可将企业分为独资企业、合伙企业和公司制企业，各国均有相应的法律来规范这三类企业的行为。因此，不同组织形式的企业在进行财务管理时，必须熟悉其企业组织形式对财务管理的影响，从而做出相应的财务决策。

2.税收法规

税收法规是规定企业纳税义务与责任的法律文件，是调整税收征纳关系的法规规范。税收是国家财政收入的主要来源，按照"简税制、宽税基、低税率、严征管"的原则，我国已经逐步建立起以流转税和所得税为主体，财产税、行为税和资源税等为辅助形式的税收制度体系，税种的设置、税率的调整、征税范围的确立、减免优惠的规定都对企业的生产经营活动具有调节作用，也对企业的财务活动产生重大影响。

3.财务法规

企业财务法规是规范企业财务活动，协调企业财务关系的法规文件。目前我国企业财务法规主要有《企业财务通则》《企业财务制度》和《企业内部财务制度》等。

三、金融市场环境

1.金融市场的概念

它包括广义的和狭义的金融市场。

广义的金融市场指市场资金流动的场所，包括实物资金和货币资金的流动。广义金融市场交易的对象包括货币借贷、票据承兑和贴现、有价证券的买卖、黄金和外汇买卖、办理国内外保险、生产资料的交换等。

狭义的金融市场一般指有价证券市场，即股票和债券的发行和买卖市场，金融市场也是金融商品通过各种交易方式，使供求双方达成交易的场所。它是由金融市场的参加者、金融市场交易对象、金融市场组织方式构成的一个有机统一体。

2.金融市场的分类

（1）按交易的期限划分为短期资金市场和长期资金市场。

（2）按交割的时间划分为现货市场和期货市场。

（3）按交易的性质分为发行市场和流通市场。

（4）按交易的直接对象分为票据承兑市场、票据贴现市场、有价证券市场、黄金市场、外汇市场等。

3.金融市场上利率的决定因素

我国的利率分为官方利率和市场利率。官方利率是政府通过中央银行确定公布，并且各银行都必须执行的利率。市场利率是金融市场上资金供求双方竞争形成的利率，随资金供求状况而变化。

官方利率与市场利率的关系是：市场利率受官方利率的影响；官方确定利率时也要考虑市场供求状况。一般来说两者并无显著脱节现象。

在金融市场上，利率是资金使用权的价格。一般来说，金融市场上资金的购买价格，可用公式表示：

利率=纯粹利率+通货膨胀附加率+风险附加率

（1）纯粹利率。纯粹利率指无通货膨胀、无风险情况下的平均利率。例如，在没有通货膨胀时国库券的利率可以视为纯粹利率。纯粹利率的高低，受平均利润率、资金供求关系和国家调节的影响。

（2）通货膨胀附加率。由于通货膨胀使货币贬值，投资者的真实报酬下降。他们在把资金交给借款人时，他们会在纯粹利息率的水平上再加上通货膨胀附加率，以弥补通货膨胀造成的购买力损失。因此，每次发行国库券的利息率随预期的通货膨胀率变化，它等于纯粹利率加预期通货膨胀率。

（3）风险附加率。投资者除了关心通货膨胀率外，还要关心资金使用者能否保证他们收回本金并取得一定的收益。这种风险越大，投资人要求的收益率越高。实证研究表明，公司长期债券的风险大于国库券，要求的收益率也高于国库券；普通股票的风险大于公司债券，要求的收益率也高于公司债券；小公司普通股票的风险大于大公司普通股票，要求的收益率大于大公司普通股票。风险越大，要求的收益率也越高，风险与收益之间存在对应关系。风险附加率是投资者要求的除纯粹利率和通货膨胀之外的风险补偿。它包括违约风险附加率、变现力附加率、到期风险附加率。

将上述各种影响利率的因素综合起来，得到反映市场利率结构的一般表达式如下：

市场利率=纯粹利率+通货膨胀附加率+变现力附加率+到期风险附加率+违约风险附加率

第二章 财务观念

第一节 资金的时间价值观念

财务估价是财务管理的核心问题，几乎涉及每一项财务决策。财务估价指对一项资产价值的估计。这里的"资产"可能是金融资产，也可能是实物资产，甚至可能是一个企业。这里的"价值"指资产的内在价值，即用适当的折现率计算的资产预期未来现金流量的现值，被称为经济价值或公平市场价值。它不同于资产的账面价值、市场价值和清算价值。

时间价值是客观存在的经济范围，任何企业的财务活动都是在特定的时空中进行的。离开了时间价值因素，就无法正确计算不同时期的财务收支，也无法正确评价企业盈亏。时间价值原理正确地揭示了不同时点上资金之间的换算关系，是财务决策的基本依据。为此，财务人员必须了解时间价值的概念和计算方法。

经济生活中有这样一种现象：现在的 1 元钱和 1 年后的 1 元钱其经济价值或者经济效用不同。例如，现在将 1 元钱存入银行，假如银行利率为 10%，1 年后便可得 1.1 元。这 1 元钱经过 1 年的投资，增加了 0.1 元，这就是货币的时间价值。在实务中，人们习惯用增加价值占投入价值的相对数表示货币的时间价值，上述货币的时间价值是 10%。

一、时间价值的概念

时间价值在西方通常被称为货币的时间价值，其概念并不完全统一。现介绍几种主要观点。

关于时间价值的概念，西方国家的传统说法是，即使在没有风险和没有通货膨胀的条件下，今天一元钱的价值也大于一年以后一元钱的价值。股东投资一元钱，就牺牲了当时使用或消费这一元钱的机会或权利，对于这种牺牲给予的补偿就叫时间价值。

英国经济学家凯恩斯从资本家和消费者的心理出发，高估现在货币的价值，低估未来货币的价值。他认为，时间价值在很大程度上取决于灵活偏好、消费倾向等心理因素。

西方关于时间价值的概念虽众说纷纭，但大致可综述如下：投资者进行投资就必须推迟消费，对投资者推迟消费的耐心应给以报酬，这种报酬的量应与推迟的时间成正比。因此，单位时间的这种报酬对投资的百分比称为时间价值。

二、复利终值和现值的计算

由于货币随时间的延续而增值，现在的 1 元钱和将来的 1 元钱在经济价值上并不相等，因此不同时间的货币不适宜直接进行比较。但是，很多情形下必须比较不同时期货币的经济价值，以便我们进行分析和决策。进行比较的基本思路是：将不同时点的货币换算到相同的时间点上，然后再进行大小的比较。

资金时间价值的计算有单利和复利两种方式。两者的差别是前期的利息在后期计不计算利息。只有本金计算利息，前期利息不计算利息就是单利；本金和利息都要计算利息就是复利。

如果计息期只有一期，则单利和复利的计息相同；一期以上，复利与单利的计息则不一致。

按照单利的计算法则，单利利息的计算公式为：

$I = P \times i \times n$

其终值的计算公式为：

$F = P + I = P \times (1 + i \times n)$

其现值的计算公式为：

$P = F / (1 + i \times n)$

式中：P 为现值，或称初始金额；F 为终值，本金利息之和，I 为利息；i 为利息率或贴现率，为年利息与本金之比；n 为计算利息的期数。

第二节　投资的风险价值观念

一、风险的含义与类型

1.风险的含义

某投资者投资购买股票，满怀希望获取高额收益，但结果却可能血本无归。如果该投资者去投资购买国库券，由于政府到期不能还本付息的可能性几乎为零，所以投资者可以获得确定的收益，可以说是一项无风险投资。因此，风险意味着有可能出现与人们取得收益的愿望相背离的结果，从财务管理的角度来说，风险指资产实际收益相对预期收益变动的可能性和变动幅度。这种可能性和变动幅度越大，风险就越大，反之亦然。

一提到风险，很容易让人联想到不确定性、损失等字眼，它们与风险之间既有联系又有区别。

（1）风险与不确定性

美国经济学家F·H·奈特对风险与不确定性进行了区分，他认为风险是可测定的不确定性，而不可测定的才是真正意义上的不确定性。风险是决策者面临的这样一种状态，即能够事先知道事件最终呈现的可能状态，并且可以根据经验知识或历史数据比较准确地预知每种可能状态出现的可能性的大小，即知道整个事件发生的概率分布。但在实践中，风险与不确定性很难区分，因为风险的概率往往只能估计和测算，不能准确确定，而对不确定性也可以估计一个概率。因此，一般情况下不对两者加以严格区分。

（2）风险与损失

损失是事件发生最终结果不利状态的代表。无论我们对风险怎样进行定义，都离不开损失这一因素，否则，如果未来结果不会造成任何损失或不会出现不利状态，无论事件的不确定性有多大，该事件都不会构成风险事件。但是，风险只是损失的可能，或是潜在的损失，并不等于损失本身；风险不仅可能带来预期的损失，而且也可能带来预期的收益。可以说，损失是一个事后概念，而风险是一个事前概念。在事件发生以前，风险就已经存在了，而损失并没有发生，只有潜在的可能性。一旦损失实际发生，事件的不确定性转化为确定性，风险就不复存在了。

2.风险类型

在风险管理中，一般是根据风险的不同特征进行分类的。按风险能否分散，把风险分为系统风险与非系统风险；按风险形成的来源，把风险分为经营风险与财务风险。

（1）系统风险与非系统风险

①系统风险，又称市场风险、不可分散风险，指由于政治、经济及社会环境等公司外部某些因素的不确定性给市场上所有企业带来经济损失的可能性，如战争、通货膨胀、国家宏观经济政策变化、利率和汇率波动等。系统风险的特点是由综合因素导致的，大部分公司均受到影响，无法通过投资组合的多样化来分散掉。

②非系统风险，又称公司特有风险、可分散风险，指由于诉讼、研发失败、经营失误、消费者偏好改变、罢工、高层领导离职等因素对个别企业造成经济损失的可能性。这类风险只发生在个别公司中，由单个的、随机的特殊因素引起。通常情况下，发生于某一公司的不幸事件可以被其他公司的幸运事件所抵消，因此这类风险可以通过资产组合多样化来分散。

（2）经营风险与财务风险

①经营风险指由于经营上的原因给公司收益带来的不确定性。

经营风险因具体行业、具体企业以及具体时期而异。影响经营风险的不确定性因素很多，如市场需求、销售价格、成本水平、对价格的调整能力、研发能力等。

②财务风险有广义和狭义之分。

狭义的财务风险一般指举债经营给公司收益带来的不确定性。其风险程度的高低取决于企业负债资金的比重。如果公司的经营收入不足以偿付到期利息和本金，就会使公司陷入财务危机，甚至导致公司破产。

广义的财务风险指企业在筹资、资金营运、投资和收益分配中客观存在的各种因素给企业收益带来的不确定性。

二、风险的衡量

风险客观存在，广泛地影响着企业的财务和经营活动，因此正视风险，将风险程度予以量化是财务管理的一项重要工作。风险与概率直接相关，并由此同期望值、标准离差、标准离差率等发生联系，因此对风险进行衡量时要考虑这几个指标值。

1.概率分布

概率就是用百分数或小数来表示随机事件发生可能性及出现某种结果可能性大小的数值。用 x 表示随机事件，x_i 表示随机事件的第 i 种结果，p_i 为出现该种结果的相应概率。概率必须符合下列两项要求：

$0 \leq p \leq 1$；$\sum p_i = 1$

将随机事件各种可能的结果按一定的规则进行排列，同时列出各结果出现的相应概率，这一完整的描述称为概率分布。

概率分布有两种类型，一种是离散型分布，也称不连续的概率分布；另一种是连续型分布，其特点是概率分布在连续图像的两点之间的区间上。

2.期望值

期望值是一个概率分布中的所有可能结果以各自相应的概率为权数计算的加权平均值。

3.方差、标准离差和标准离差率

方差、标准离差和标准离差率是通常用以衡量风险大小的统计指标。

（1）方差

方差是用来表示随机变量与期望值之间的离散程度的一个数值。

（2）标准离差

标准离差是方差的平方根。实际工作中，一般用标准离差而不使用方差来衡量风险的大小。在期望值相同的情况下，标准离差越大，则风险越大；标准离差越小，则风险就越小。标准离差可以说明某个方案的风险程度，也可用于期望值相同的方案风险程度的比较。但对于比较期望值不相等的各种方案的风险程度，则要借助于标准离差率这一统计指标。

（3）标准离差率

标准离差率是一个相对指标，它以相对数反映决策方案的风险程度。方差和标准离差作为绝对数，只适用于期望值相同的决策方案风险程度的比较；对于期望值不同的决策方案，评价和比较其各自的风险程度只能借助于标准离差率这一相对数值。在期望值不同的情况下，标准离差率越大，风险越大；反之，标准离差率越小，风险越小。

对于单个方案，决策者可将其标准离差（率）的大小与已设定的可接受的此项指标最高限值对比，看前者是否低于后者，然后做出取舍。对于多方案择优，决策者的行动准则应是选择低风险、高收益的方案，即选择标准离差最低、期望收益最高的方案。

第三章　我国高校财务管理

第一节　高校财务管理体制解析

一、高校财务管理体制的含义

高校财务管理体制是我国高等教育管理体制的重要组成部分，是在一定条件下高校根据国家法律法规、自身发展目标和管理要求所确定的校内各级管理层和教职员工的责任承担、权利享有、利益分享，保证校内财务管理的统一性和权威性，保证校内各项规章制度自上而下，自下而上得以顺利贯彻执行的根本制度，是制定高校财务管理制度，科学划分和界定校内各级管理层财务管理权限，严格规范和监督财务行为，健全财务运行机制，全面遵循国家法律法规和办学规律，适应市场经济和知识经济需要，正确处理高校各种财务关系的纲领性文件，是高校财务管理工作的基本准则和组织保障。高校应当通过合理划分财权事权和明确责任，建立健全"权责明确、制衡有力、行为规范、管理严格、监督到位、激励有效"高校财务管理体制，才能明确高校各级管理层和工作人员的职责权利，才能兼顾国家、高校、个人三者之间的利益，理顺分配机制，正确处理高校财务关系，激发全校教职员工的积极性、创造性、协调性，才能保证高校财务工作严格遵循国家法律法规和高等教育规律，适应市场竞争，顺应社会要求，全面解决体制僵化机制不灵所引发的责权利不对等，预算管理效益差，筹资管理不到位，风险管理无意识，资源配置不优化，资金使用效益低下等问题，才能最大限度消除困扰我国高校健康发展的体制障碍，有效配置资源，提高资金效益，为我国高校全面协调可持续健康发展提供强有力的制度保证。

二、我国高校财务管理体制解析

在市场经济全球化和知识经济市场化的条件下，高校作为面向社会自主办学的法人实体，建立健全"统一领导、集中管理"或"统一领导，分级管理"的财务管理体制是适应高等教育产业化，投资主体多元化，教育资金社会化，经济利益多样化，财务工作层次化的必然选择，是高校增强宏观调控能力，拓宽资金筹措渠道，优化资本运作方式，拓展财务管理职能，规范财务会计工作，提升财务信息质量，提高资金使用效益的内在需要，是坚持"高等学校财务管理基本原则：执行国家有关法律、法规和财务规章制度；坚持勤俭办学的方针；正确处理事业发展需要和资金供给的关系，社会效益和经济效益的关系，国家、学校和个人三者利益的关系"的重要纲领，是顺利完成"高等学校财务管理主要任务：合理编制学校预算，有效控制预算执行，完整、准确编制学校决算，真实反映学校财务状况；依法多渠道筹集资金，努力节约支出；建立健全学校财务制度，加强经济核算，实施绩效评价，提高资金使用效益；加强资产管理，真实完整地反映资产使用状况，合理配置和有效利用资产，防止资产流失；加强对学校经济活动的财务控制和监督，防范财务风险"的体制保障。

1."统一领导，集中管理"体制

（1）统一领导

统一领导是高校财务管理工作的核心。面对日趋复杂多变的市场环境，面对多重利益主体的诉求，全校教职工和各职能部门、教学院系、科研院所必须统一思想，统一认识，统一政策，统一财务，集中财力，步调一致，才能统一资产管理，优化资源配置，统一调度教育资金，统筹安排教学经费，发挥整体优势，提高资金效益，才能为高校稳定可持续协调发展提供制度保障和财力保障。

就政府而言，各级人民政府应对各类高校制定统一的财经法规，统一监管体系，统一生均标准，统一拨款机制，统一预决算口径，统一审计监督，统一对高校支出规模和结构进行调控，进一步简政放权，全面转变政府职能，加大宏观调控力度，扩大高校办学自主权，并全面保护高校的合法权益。

就高校而言，高校应当针对经济工作和财务活动的大政方针政策、财务规章制度，资源调配机制，财权事权匹配制度、会计核算规范等重大方面实行学校统一领导，统一决策，以集中全校财力，加强宏观调控，提高资金实力和办学能力。学校各职能部门和教学部门、科研部门、教辅部门及后勤部门必须在学校的统一领导下，严格遵循学校规帝制度，全面履行与事权责任相适应的财力支配权和管理权。具体包括"五个统一"：①统一财经方针政策；②统一财务规章制度；③统一资源优化配置；④统一预算决算管理；⑤统一财务核算体系。

（2）集中管理

集中管理是高校在严格遵循国家法律法规和本校财务规章制度的前提下，根据本校实情，把学校教学科研活动所涉及的所有经济事务集中到学校财务部门统一管理，把学校所有资金集中到学校财务部门统筹安排，集中调度，以集中资金优势，净化经济环境，预防贪污腐败，弥补教学经费严重不足问题的一种财务管理运行机制。主要内容：①集中管理财权；②集中执行规章制度；③集中管理会计事务；④集中管理会计人员。

"统一领导，集中管理"体制的优点在于政策统一，行动统一，财权集中，管理集中，有利于高校统筹安排，全面调度，优化资源配置，提高资金管理效益；缺点是统得太多，管得太死，校内各部门缺乏必要的自主权，责、权、利相脱节，难以充分调动校内各部门生财、聚财、理财的积极性，无法处理好聚权与分权的关系，不利于高校健康可持续协调发展。

2. "统一领导，分级管理"体制

统一领导同前述，这里不再赘述。

分级管理，即高校"校院（处、所、系、部）二级财务管理"，是在全面保证高校"五个统一"的前提下，按照事权与财权及责任相结合原则，实行"重心下移、责权下放"，适当下放资金自主权、管理权、支配权，把高校事业计划和与之相适应的收支预算下达校内各二级部门，校内二级部门在下达的预算经费范围内享有自主管理和自主支配权，以此充分调动高校所属二级部门生财、聚财、理财、用财"四财一体"的积极性，充分发挥其增收节支的自主性和创造性，学校通过采取严格的预算管控和监督考评办法来实现宏观调控职能，促进高校所属各部门有效使用资金的一种既能调动校属各部门和教职工的积极性，又能保证学校各项事业全面协调发展的财务管理运行机制。

"统一领导，分级管理"的财务管理体制的优点是传承了"统一领导，集中管理"体制的优点，弥补了"统一领导，集中管理"体制的缺点，实现了"重心下移，责权下放"的宗旨，即既能充分调动校属各部门的积极性、创造性，又能科学理顺财务关系，保证了"权、责、利"的高度协调和统一；既能集中资源优势，优化资源配置，提高资金管理效益，又能进一步下放财权，给下级单位足够的资金管理自主权以其作为承担相应责任的物质保障，还能够通过全面的监督制约考评奖惩机制保证两个级别（校级和校属各部门级）的权力得到合法、适当地运用，拒腐防贪，真正实现高效、廉洁、和谐的"政资分离，政校分开，权责明确，管理科学"现代化高校的建设目标。但值得警惕的是，高校必须健全与之对应的科学的财务规章制度，健全资产管理制度，健全学校资源使用和成本分担制度，健全经济责任制度，健全监督检查制度，健全绩效考评奖惩制度等，才能确保不会出现各自为政，权力泛滥，管理混乱，腐败成风的不良现象，才能确保高校财务管理统得有效，管得到位，放而不乱，自我约束，自我规范。

第二节　高校预算管理

一、高校预算管理的定义

《高等学校财务制度》（财教[2012]488号）中将高校预算管理定义为："高等学校根据事业发展目标和计划编制的年度财务收支计划。"高校预算管理是学校各二级单位日常部门收入、支出的主要依据，是高校资源分配的具体体现，也是学校规模和发展动态的货币反映。

高校预算管理是财务管理的重要内容，其主要由收入预算及支出预算两个重要部分构成。预算管理贯穿高校财务活动的全过程，包括预算编制、预算执行、预算控制、预算评价四个环节。通过预算编制，明确工作目标；通过预算执行和控制，逐步实现并优化工作目标；通过预算评价，分析成果和目标之间的差距，为未来预算的编制提供信息。

二、高校预算管理的分类

1.根据内容划分

根据内容将高校预算管理划分为收入预算管理和支出预算管理。

收入预算管理指高校对年度内各种形式及渠道可能取得的，可用于进行教学、科研及其他活动的非偿还性资金的收入计划及其管理，具体包括上级补助收入、财政补助收入、教育事业收入、科研事业收入、经营收入、附属单位上缴收入和其他收入预算管理。收入预算管理是完成高校事业项目计划的保证，体现了高校经费来源结构。

支出预算管理指高校对年度内用于开展教学、科研及其他活动的支出计划及其管理，具体包括事业支出、经营支出、对附属单位补助支出、上缴上级支出和其他支出预算管理。支出预算管理反映了高校的资金规模、发展方向和发展力量。

收入预算管理和支出预算管理两者互相依存，共同组成学校的预算管理。

2.根据范围划分

根据范围将高校预算管理划分为校级预算管理和所属各级预算管理。

校级预算管理指高校除国家和地方政府拨付的基本建设资金和独立核算的校办产业经营支出以外的全部资金收支计划及其管理。校级预算管理的核算直接反映学校预算收支执行情况。

所属各级预算管理指包含于校级预算之内的，由学校下属各级非独立核算单位及部门编制，或具有特定用途的项目资金收支计划及其管理。它包含学校所属各级非独立核算单位或部门的预算管理和具有特定用途项目资金的收支计划管理，如科研项目经费预算管理、捐赠收入预算管理。

三、高校预算管理的职能

随着预算管理理论的不断发展，预算管理的实践也得到进一步的深化和完善，当前高校预算管理的职能主要有以下几方面。

1.规划职能

预算管理以学校管理者对高校的发展预测为基础，预测能够反映高校事业的发展规划。预算的编制使高校的规划成为计划，并通过预算的执行得以实现，这体现了预算管理的规划职能。

2.协调职能

预算管理的协调职能主要体现在以下几方面。

（1）要实现预算总目标，各个部门的预算及其所属的其他分支预算之间必须相互协调、配合密切。

（2）预算将各部门联结在一起，合理配置资源，使高校利用有限的资源获得最大的经济效益。

（3）高校需要及时调整各项事务安排以适应外界环境的变化，以便更好地执行预算。

3.控制职能

在预算管理过程中，控制职能作为基本职能链接整个管理过程。预算编制属于事前控制，预算执行属于事中控制，预算差异的分析属于事后控制。

四、预算管理的原则

高校预算管理总体上应当遵循"量入为出、收支平衡"的原则，收入预算上坚持"积极稳妥"的原则，支出预算上坚持"统筹兼顾、保证重点、勤俭节约"的原则。

（1）预算管理总体上贯彻"量入为出、收支平衡"的原则。"量入为出、收支平衡"是预算管理中收支预算的基本要求，"效率优先，兼顾公平"是预算管理中合理分配预算资源的依据和标准。学校预算资源的安排在效率优先原则的基础上，还要兼顾公平，在预算分配过程中必须立足于全局考虑。

（2）收入预算坚持"积极稳妥"的原则。抓住当前教育发展的有利时机，挖掘潜力，积极拓展资金来源，增加收入。预算编制时，按照相关规定将学校所有收入列入预算，不遗漏，也不高估，并且充分考虑影响收入的各项因素，做到不漏算、不重复，贯彻"积极稳妥"的原则，做到收入预算项目明确、数字准确。

（3）支出预算坚持"统筹兼顾、保证重点、勤俭节约"的原则。高校支出预算以收入为基础，必须量力而行，不能超出学校的综合财力编制赤字预算。编制的每个预算项目数据要有客观依据，要充分体现学校的办学方向和各学科差异，适应学校未来发展需要。在一切从实际出发，厉行节约、勤俭办事的前提下，分清主次、统筹兼顾、保证重点、合理地安排使用各项资金，发挥资金的最大使用效益。

第三节　高校资产管理

一、概述

在激烈的市场竞争和科学技术突飞猛进的知识经济大潮中，我国高校的健康发展已成为整个社会经济发展的助跑器，成为第一生产力（科学技术）最牢固的基石，是关系国计民生的重大战略。而健全高校财务管理体制，完善高校财务管理运行机制，提升高校财务管理水平和服务质量，是高校为社会培养高科技人才，培养第一生产力合格接班人，充分发挥其助跑器作用，实现"教育强国，科技强国"的关键。随着全球经济一体化和知识经济全球化以及我国财政体制改革的全面深化，我国高等学校发生了天翻地覆的变化，实现了非常规的跨越式发展，同时也面临前所未有的挑战。在资产管理方法，我国大部分高校就忽视了资产管理在高校可持续发展中的关键作用，资产管理制度残缺不全，管理手段落后，管理水平不高，资产重复购置多，闲置浪费多，资产使用效率和效益低下是当前我国大部分高校资产管理中存在的突出问题，严重阻碍了我国高校的快速健康可持续发展。因此对高校资产管理进行全面改革，健全既能适应知识经济发展需求，又能促进教学科研事业发展的高校资产管理体系、办法和措施已成当务之急。

二、强化高校资产管理的应对策略

过亿资产运行的好坏及效能作用的正常发挥取决于高校平时科学严格的资产管理、维护和保养体系。因此强化资产管理措施，落实管理、使用、维护职责，着力解决重复购置，使用随意，管理混乱，资产流失严重等问题，充分发挥资产应有的作用，实现资产的保值增值是高校当前资产管理工作的重中之重。

1.拓宽资金渠道，降低资金成本，建立健全风险管理机制

面对国家财政投入少，学费住宿费收入少，债务资金比重大的不利局面，要满足教学科研需要，高校就必须改变"债多不怕主国家做后盾"的思想，采取有效措施，拓宽资金来源渠道，广开财源。

（1）加强资金管理，严格执行不相容岗位相互分离制度、对账制度和稽核制度。定期盘点库存现金，核对银行账目，杜绝坐支现金和白条抵库，严格执行"收支两条线"的规定，严格遵守库存现金限额管理，严格按《现金管理暂行条例》规定的现金使用范围使用现金，消除资金管理中的安全隐患。

（2）积极争取国家政策支持，主动与财政部门、教育主管部门和发展改革委员会等部门进行沟通，扩大高校办学自主权，大力争取财政专项资金，确保国家财政拨款稳步增长。

（3）加大学校学费住宿费清理催缴力度，充实学费清理催缴人员，利用电子信息化系统建立全校学生个人缴费台账，核准信息（包括学生姓名、性别、所在学院班级、学费标准、住宿费标准、缴费金额及缴费收据号码、生源地贷款、减免学费、欠费金额等详细信息），加强与学校教务处、学

生处、各院系的协调沟通，利用缴费情况与选课情况挂钩，与选课成绩挂钩（即没有缴清当年学费住宿费的学生一律屏蔽选课系统，欠费学生无法选课，成绩为零，迫使其及时缴清欠费金额，如果家庭经济条件确实困难的，必须向学校提出减免、缓缴申请，经学校批准同意后方可选课），确保学费住宿费应收尽收，严禁拖欠，并严格实行"收支两条线"管理，及时足额上缴财政专户，积极主动申请财政及时返拨，保证学校收入及时到位，满足教学科研资金需要。

（4）利用学校丰富的教育资源优势和学校良好的社会影响，努力扩大函授、夜大、短期培训、脱产等办学规模，积极开展社会有偿服务，通过社会捐赠、赞助、盘活资产、开展合作等途径以及校友会、基金会等多种形式，广泛吸收社会资金，精打细算增加学校收入，为社会提供优质的教育服务，为学校增加办学资金，更为广大社会人员解决知识残缺和文凭问题，可以说是一举三得的惠校利民的绝好举措。

2.定期清理往来款项，降低借款余额，健全往来款项清理催缴机制

针对往来款项科目设置多，年末余额大，期限长的状况，高校应当建立健全有效的往来款项清理催缴机制和核销机制，采取有效的控制措施，采用强硬的管理手段，加大往来款项的清理催缴力度，努力减少往来款项科目数量和降低往来款项余额，缩短资金占用期限，提高资金使用效率。如对于高校职工借款或为职工垫付款可以按照"源头从紧，限期报销或归还，过期扣款"的措施进行控制；对于学校各部门和教职工日常零星开支（可以限定一次或累计金额在 5000 元以下设备购置、办公用品购置、出差机票费、住宿费、会务费、零星餐费、培训费等）一律使用学校为教职工办理的公务卡、银行贷记卡支付款项，经办人员按学校规定报销后由学校

财务部门在到期前一周内归还刷卡金额；对于大金额的设备购置，规定学校一律不借支票、不事先汇款，必须验货见票后才支付款项；对于那些期限长，难以查明原因，确实无法收回或支付的应收款、垫付款、应付款等往来款项，应落实责任，按规定程序批准后核销或转销，降低往来款项余额。

3.加强税务管理，减少纳税风险，建立健全纳税筹划机制

要解决高校当前税务管理乱，个人税负高的问题，就必须要加强税务管理，建立健全纳税筹划机制。

首先，改变校内各部门开具税务发票所涉税费由学校统一垫付的现象，参照税务部门代开发票的处理模式，"先交税费再开发票"，凡要开具税务发票的必须先将所涉税税费全额交到学校财务账上，才给予开具税务发票，避免学校垫付相关税费后长期收不回或忘记收回的情况。

其次，深入掌握和理解各税种的征税范围和减免税优惠，聘请高校税务专家全面分析学校收入中哪些属于不征税收入，哪些属于减免税收入，哪些属于征税收入，在账务处理时严格遵循税法的规定，设置专门的会计科目，严格单独核算征税收入、减免税收入与非涉税收入，避免"未分别核算的，合并征税；未单独核算的，不得享受减税、免税待遇"的行为。

最后，应将学校涉税收入与其对应的税种、税率、涉税环节、应纳税额的计算、缴纳期限和相应的减免税优惠条件进行详细的分析，努力创造与税收优惠相符的条件将可能涉税的收入纳入减免税收入核算，最大限度地享受税收减税、免税政策，以达到降低税负的目的。如高校开展科学研究取得的科研课题费收入，只要经过省级科技厅确认就可以免征各项税费，

为享受此优惠政策，高校就应想方设法采取有效措施取得省级科技厅的确认。

第四节　高校会计人员管理

人是财务管理过程中最为活跃的因素，具有会计从业资格的会计人员是高校财务管理的主体力量，是财务部门管理系统中的行为主体。高校会计人员的管理由财务部门负责，对人员管理的重大政策则由管理层制定。会计人员已从简单的信息加工者转向预测、决策、控制和评价的管理者，主体的行为将直接影响经济效果，良好的管理制度必须有良好的管理者去实施。会计人员管理包括会计人员职业素质管理、行为规范、岗位控制、会计职业风险管理及其保护等。加强财务人员的素质管理是做好财务管理工作的基础，规范会计行为是财务管理绩效和财务信息质量的保障，强化会计人员职业风险管理和保护是日常管理的前提。

加强对会计人员的职业素质管理特别重要，这将影响整个财务管理的效果。制度设计和管理得当可以增加经济效益，制度设计和管理不当则会造成经济浪费和损失，其中财务管理的水平取决于会计人员职业素质的高低。会计人员素质高，则财务管理水平较高；会计人员素质低，则财务管理水平较低。会计人员的职业素质包括专业素质和职业道德素质。专业素质即会计人员应具备的知识结构、专业技术水平、业务能力等；职业道德素质即会计人员是否自觉遵循财务会计工作的道德标准。

一、高校会计人员的准入条件

现代高校财务管理需要高素质的管理人才，在录用会计人员时，应该设置一定的准入条件，但由于道德素养是通过日常行为表现出来的，面试时很难以考试的方式发现，因此，准入条件一般针对专业素质。高校会计人员的录用，一般应具有学历、专业、工作经验、年龄等方面的准入条件。

1.学历条件。例如，本科高校培养的是本科以上的人才，一般情况下高校管理人员应该具备本科以上学历，否则管理人员的层次与高校培养的人才层次不相适应。高校会计人员是管理岗位的专业技术人员，因此必须具备本科以上学历。

2.专业条件。高校财务部门的主要功能为会计核算和财务管理，两者互相联系、互相渗透。核算过程包含管理内容，管理过程需要核算的数据，高校会计人员既要会核算也要懂管理。会计人员的专业要求一般为：会计专业或经济类的其他专业，但必须具备计算机应用的基本知识；系统软件管理和维护人员可以是计算机专业的，但必须具有一定的会计专业基础知识。

3.工作经验。高校的一般会计人员只需要符合学历条件和专业条件的应届毕业生，不一定要求有工作经验。会计机构负责人或财务主管应该具备财务工作经验，如果非专业人员，则对会计机构的管理也只能是行政上的领导，难以深入到专业领域。在实际工作中，因干部轮岗的需要，部分高校会计机构负责人是从其他部门轮岗而来，不具备财务工作经验及会计从业资格。随着未来高校的发展和管理体制的改革，会计机构负责人专业化将是发展的趋势。

二、高校会计人员知识结构要求

对于从事高校财务管理的会计人员来说，具备会计专业知识只是一个基础。由于会计学是具体操作的微观领域的学科，再加上会计法律法规对会计工作做出的具体约束和规范，高校会计人员如果知识结构单一，则容易形成内敛的个性，给人谨小慎微、做不了大事的感觉。有的高校领导宁愿提拔一个非专业人员任会计机构负责人，也不愿用纯会计专业的人才，除了政治素质的因素外，人才知识结构与高校财务管理的要求存在偏差是主要的原因。因此，一个合格的高校会计人员其知识结构应该是全面的，除了会计专业知识外，必须具备计算机、管理学、经济学、统计学等其他相关学科的基本知识，成为综合型应用人才。

1.计算机知识。随着电算化的普及和网络时代的发展，现代高校会计核算和财务管理是通过计算机软件和网络信息来进行的，如果没有计算机方面的知识，则无法从事高校会计工作。计算机知识是除了会计学知识以外，会计人员必须具备的基本知识。

2.管理学知识。高校财务管理需要运用管理学方面的知识，因此会计人员必须具备一定的管理学基础知识。

3.经济学知识。会计学是微观领域的学科，为了弥补宏观知识的不足，会计人员需要了解经济学方面的知识，把握宏观经济发展，把微观与宏观知识结合起来，才能做好高校财务管理工作。

4.统计学知识。财务管理涉及数据分析，会计人员需要了解统计分析方法，因此必须具备统计学的基础知识。

三、会计岗位分类

根据高校财务工作的特点和会计信息化要求，按性质不同可将会计岗位分为五类。

1.行政或业务主管类岗位

（1）会计机构负责人岗位：财务处长、副处长。

（2）会计主管岗位：业务科室科长。

2.财务管理类岗位

（1）预算管理岗位：预算编制、下达、调整、控制管理。

（2）收入管理岗位：拨款申请、核对以及合同款催收管理。

（3）学生收费管理岗位：学生学费、住宿费、考试考务费、报名费等各类事业性收费及代办费管理。

（4）固定资产管理岗位：固定资产入库登记、报废处理、盘点清查管理。

（5）票据管理岗位：各类票据的申购、领用、核销管理。

（6）档案管理岗位：会计记账凭证、账簿、其他会计资料管理。

（7）财务系统管理岗位：财务系统数据库维护、数据备份管理。

3.会计核算类岗位

（1）支出审核及制单岗位：原始凭证审核、录入财务电算化系统、生成记账凭证等。

（2）会计报表岗位：年终决算报表填报、其他报表填报和财务报告撰写等。

（3）科研项目核算岗位：科研项目原始凭证审核、录入财务电算化系统、生成记账凭证、会计账簿，科研课题结束后填制结题收支报表等。

（4）基建项目核算岗位：基建项目原始凭证审核、录入财务电算化系统、生成记账凭证、会计账簿和会计报表等。

（5）工资核算岗位：工资造册、发放或转入职工工资卡等。

（6）材料核算岗位：对实验材料、教学材料、办公用品、维修材料等进行进出仓核算、盘点等。

（7）往来款清算岗位：暂存暂付款和应收应付款的结算、清理和管理。

4.资金结算类岗位

（1）现金出纳岗位：现金或现金支票收付。

（2）非现金出纳岗位：转账支票、网上银行电子支票收付，收款发票填制等。

5.稽核复核类岗位

（1）复核岗位：电算化流水作业中的原始凭证和记账凭证核对、付款支票核对等。

（2）稽核岗位：所有财务管理和会计核算工作的抽查、核实。

第四章 高校财务治理结构及经济责任审计

第一节 高等院校的性质及其组织结构

一、对高校组织性质的认识

高校组织的性质主要是它本身存在的内在规定性，并通过它与别的组织的比较表现出来。我们认为，高校组织的性质主要有以下几点：

1.准公共组织

高校是一个准公共组织。一方面，高校不是企业组织，因为高等教育产品属于公共产品，高校经营管理的目标不是利润最大化，它是一个非营利的事业组织；另一方面，高校也不同于公共组织，因为高校除了提供公共产品还生产准公共产品和私人产品，高等教育具有产业性质，可以引进市场手段进行运作。因此，高校是一个混合事业组织，可以称为准公共组织。

2.特殊生产组织

高校是一个生产组织，但是高校的生产对象是"人"，不是像企业中进入流水线的原料或者其他服务那样被动接受加工，受教育者具有自己的主观能动性。因此，学校的生产还需要他们的主动配合。也就是说，学校的组织结构设计不只是针对学校教职员工的权力分配和责任分担，还要考虑学生的性质和作用。这与企业是不一样的，无论多么科学合理的组织结构如果离开了学生，其执行效果都是可想而知的。

3.人力资本聚集组织

高校不同于其他组织的特点还在于，高校是一个人力资本聚集的组织。没有哪一个组织有高校这样依赖和需要人力资本，也没有哪一个组织的人力资本在组织中具有如此决定性的作用。企业是人力资本和物质资本组成的契约组织，物质资本和人力资本缺一不可，两者互相依赖。尽管高校也是一个人力资本和物质资本结合的契约组织，但是在这个组织中，人力资本占有绝对主导地位，在一定意义上支配着物质资本。

4.信息高度不对称组织

高校是以生产知识为主要特点的组织，而知识产品不如物质产品那样直观，这样带来的问题是：第一，生产过程中的信息不对称，我们很难准确地去监督教师和科研人员的劳动过程；第二，对产品质量的信息不对称，很难辨别产品的质量，因为学生的质量并不完全以成绩表现，高分低能早就不是什么怪事；第三，对于产品"原材料"信息的不对称，由于招生只认考试成绩，所以学校无法像企业购买原材料一样对生源进行准确衡量，可能让"次品"进入校园。

二、高校组织结构的功能

高校组织结构是高校根据有关规定，由高校管理部门制定的帮助实现学校目标的有关权力、责任及信息沟通的一种正式结构。它的主要作用是对权力和责任进行配置，提高信息交流速度，最终达到提高效率、实现目标的作用。

1.组织结构是一种权力配置结构

高校的内部组织是一系列委托——代理的契约关系的总和，因为任何职能的实现都不是一个人或者几个人能够完成的，尤其像高校这样的复杂组织更是如此，必须把组织的任务、目标分解成不同的职能，配置到不同的当事人，让不同的人去落实。

2.组织结构是一种责任配置结构

配置权力的目的在于保证一定任务的完成，有了权力还需要有责任，不然权力就会被滥用。高校组织结构在分配权力的同时，也把相关的责任配置到了相关的责任人，只有让他们承担责任，组织目标才能实现。

3.组织结构是一种协调结构

可以说分工产生了组织，但是分工也更需要组织来协调，不然工作就形不成合力，组织目标就无法实现。因此，组织结构就承担着一种协调作用，有了这种组织的协调作用，分配了的权力和责任才能够协调运行，相互作用，共同促进组织目标的实现。

三、高校组织结构的基本类型

1.直线职能制组织结构

这种组织结构形式是把管理机构和人员分为两类：一类是直线领导机构和人员，按命令统一原则对各级组织行使指挥权；另一类是职能机构和人员，按专业化原则，从事组织的各项职能管理工作（见图4-1）。直线领导机构和人员在自己的职责范围内有一定的决定权和对所属下级的指挥权，并对自己部门的工作负全部责任。而职能机构和人员，则是直线指挥人员的参谋，不能对直接部门发号施令，只能进行业务指导。

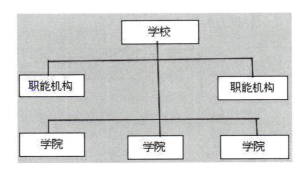

图 4-1　高校直线职能制组织结构

直线职能制的高校组织结构在现实中又表现为以下几种类型：

（1）学校—系—教研室

这是我国传统的也是目前许多学校采用的组织模式，它是仿照苏联的大学组织结构构建的，是一种典型的专业化和行政化的教学组织。

（2）学校—学院—学系、所

这是美国高校普遍的组织结构模式，其学院层次实际是一个有很大行政权力的官僚机构。学系指由许多学衔、地位不同的教授组成的学术单位，也是该学科的教学和研究单位。我国许多高校目前都正在采用这一组织结构，不同的是，对于第三级即系（所）职能和权限的差异，有的学校系（所）具有行政权力，功能与学院差不多，只是范围比学院小，有的学校系（所）就只是一个教学科研组织单位，没有行政权力。

（3）大学—学部—讲座（研究所）

这是德国大学采取的具体组织结构模式。讲座和研究所是大学组织体系的第一级，教授是讲座的主持者，也是研究所的唯一负责人。研究所是一个独立的研究和教学单位，拥有全部必要的人员和设备，如实验室、资料室、教室和讨论室。学部的权力是咨询性质的，其决策机构是部务委员会，负责课程安排、考试和学位授予等事宜，负责向教育部长推荐空缺讲座职位的候选人和教授被选资格获得者。

直线职能制结构是高校目前最为普遍的结构，不同的是在管理层级的第二、三级有不同的权限划分，但是从组织结构理论讲，它们都属于直线职能制组织结构。

2.事业部制组织结构

事业部制是分级管理、分级核算的一种组织结构形式，学校可以按照某种标准把整个活动分为若干个相对独立的组织，这些组织实行单独核算、独立经营，学校只保留人事决策、预算控制、监督和考核大权等来进行控制。实行事业部制组织结构可以划分为产品事业部制（见图 4-2）和区域事业部制（见图 4-3）。

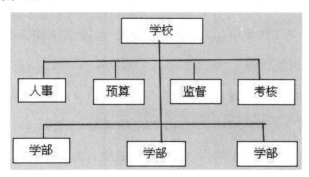

图 4-2　按性质划分的事业部制组织结构

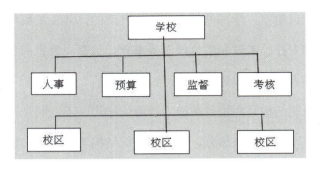

图 4-3　按区域划分的事业部制组织结构

按照学校活动的内容的性质建立的事业部主要是以高校所提供的教育产品为基础，将某一提供教育产品有关的活动，完全置于同一部门内，再在部门内细分职能部门。这种结构形态，在设计中往往将一些共用的职能集中，由上级委派以辅导各个部门，做到资源共享。许多"巨型大学"常常采用此种结构模式。

按地区划分的事业部制常常为多校区大学采用，其原则是把某个地区或区域内的业务工作集中起来，由学校委派一名管理者来管理内部事务。

3.矩阵制组织结构

在组织结构上，把既有按职能划分的垂直领导系统，又有按活动内容划分的横向领导关系的结构，称为矩阵组织结构（见图 4-4）。这种组织结构实际上是组织内部采用的为了改进直线职能制横向联系差、缺乏弹性的缺点而形成的一种组织形式。这种结构特别适合于高校的科研项目和各种课题项目。

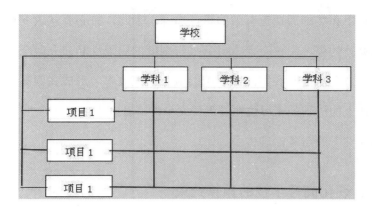

图 4-4　矩阵制组织结构

矩阵结构在高校越来越受到重视，许多研究中心重大课题的实施都或多或少地在利用这种形式。因为在进行科研活动时，很多问题已不是单纯的某一个学科领域的问题，而需要多个学科或专业、多种知识领域的专家、学者合作才能解决。而院系之间界线分明的学科组织形式则不利于这种合作。矩阵制结构解决了这个问题，是学科系统与项目系统的有机结合：纵向为学科导向，由学科领导实施管理，符合学科发展规律；横向为问题导向，按项目实行管理，由项目领导实施管理，以解决实际问题（经济、社会、科技、教育问题）为目的。按照服务对象、项目等横向联合的适合跨学科生长的组织结构形式，还包括像研究中心、研究院、工程中心等一类的组织。

第二节　我国高等学校财务治理效率的途径

我国高等学校财务治理效率低下，政府、学生、社会捐赠者和银行债权人等各利益相关主体的利益得不到保障，究其根源，在于治理行为实施前、实施中和实施后缺乏有效的责任追踪，因此，有必要从改变我国高等学校预算软约束、完善会计与财务报告制度的局限性和建立健全经济责任制度三个方面，提升我国高等学校的财务治理效率，形成我国高等学校在受托责任上的清晰的"可说明性"和完全的"可归责性"以及"可计算性""可追究性"的财务治理体系。

一、硬化高等学校的预算约束

硬化高等学校的预算约束，形成我国高等学校资产在受托责任上的清晰的"可计算性"和完全的"可归责性"。预算软约束理论的核心是政府无法承诺不对处于困境的企业施以援手。从预算软约束理论出发，能够为转轨经济和新兴市场经济中的很多现象提供解释并提出解决对策。比如，钱颖一和许成钢认为预算软约束直接导致了企业创新不足；黄海洲和许成钢认为金融体系中存在的预算软约束是造成金融危机的一个主要原因。另外，对于预算软约束形成的原因，林毅夫等人认为企业的预算软约束来源于政策性负担。科尔内、马斯金和罗兰对预算软约束理论进行过综述，根据已有的研究。他们认为预算软约束发生的因果链条如图 4-5 所示：

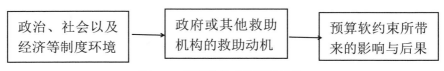

图 4-5　预算软约束的因果链条

图 4-5 中的第一个因果关系是制度环境对政府救助动机的影响，这里的制度环境包括产权制度、政治版图以及金融环境等一系列影响政府救助动机和企业行为的综合因素。以转型国家为例，制度环境包括企业产权的归属、政党的政治宣言及民众预期、企业融资的途径及监督机制等。比如

当政府宣称要维持一个高的就业水平时，即使有大量企业处于破产边缘，政府还是会尽量给予协助，因为他给予民众的承诺是其政绩民生的着力点。图 4-5 中的第二个因果关系是政府救助动机与预算软约束所带来的影响与后果之间的关系。一旦企业经营者预期到政府的动机，就会软化预算约束的效力，从而导致低效率的产生。如果从整体上把握以上两大因果关系，我们可以认为预算软约束具有深刻的制度背景，在这些制度背景下，政府无法设计出有效的治理结构控制企业的软约束行为。其实，预算的约束体并不仅限于企业和中央政府部门。我们认为，只要存在控制联系，组织之间都可能会有预算软约束的问题存在。事实上，在之后的经济学文献中，不断有学者通过新的经济学理论和方法的引入。进一步分析和研究了预算软约束的成因，并发现预算软约束现象不仅出现于国有企业等营利性组织中，在高等学校等非营利组织中也大量存在。唯一不同的是高等教育领域内的预算约束体变成了大学。

二、完善我国高等学校会计与财务报告制度

完善我国高等学校会计与财务报告制度，形成我国高等学校资产在受托责任上的清晰的"可说明性"。随着我国高等学校投资主体多元化、筹资渠道多样化、财务管理手段现代化的转变，学生、家长、教职工、债权人、社会捐赠者等利益相关主体。更迫切地希望及时全面地了解高校的财务状况、教育水平、资金使用效益等方面的信息，从而为利益相关者的正确决策服务。但我国各高校财务报告对外披露的方式、内容等系统不完善，利益相关者获得信息的渠道不畅通、信息不对称的现象非常严重，高校向利益相关者提供的信息，远远无法满足各个利益相关者的需要。因此，需

要进一步完善我国高等学校的会计与财务报告制度，做到会计信息与财务公开。

三、建立健全我国高等学校经济责任体系

建立健全我国高等学校经济责任体系，形成我国高等学校在受托责任上的完全的"可归责性"以及"可追究性"。教育部和财政部《关于高等学校建立经济责任制加强财务管理的几点意见》【教财（2000）14号】明确规定：高等学校必须逐步建立健全各级经济责任制。因此，各高等学校均建立了一些以校长为主的各级经济责任制。经过近几年不断改善和发展，各高等学校的经济责任制内容得到了不断丰富，但这些经济责任制大多数只是把相关职能部门的岗位责任制加以明确或汇总，没有建立完善的经济责任体系，从而造成了经济责任制得不到很好的贯彻执行。

第三节　高校经济责任审计概述

一、高校经济责任审计的概念

关于高校经济责任审计的概念主要是从国家有关经济责任审计的概念引申出来的，一些学者对此进行阐述。高校内部经济责任审计主要是对学校财务、校办产业和院（系）的主要行政负责人及校办企业法人代表任职期间、任职期满或因调动、退休、辞职、免职、撤职等原因离开现职岗位前，在管理职责范围内履行经济责任情况进行监督鉴证、评价。有学者认

为，高校经济责任审计主要是对学校财务、校办企业（事业单位）、基建部门和院、系的主要行政负责人及法定代表人任职期间、任职期满或因调动、退休、辞职等原因离开现职岗位前在管理职责范围内履行经济责任情况进行监督、评价和鉴证的一种行为。

从上述高校经济责任审计概念的阐述看，与经济责任审计的主要差别是审计对象、审计机构的差异。高校经济责任审计的对象是针对特定的对象——高校领导干部，而经济责任审计的对象更为广泛，包括所有国有企事业单位的领导干部。高校的审计机构一般是高校内部的审计部门对相关部门负责人的经济活动进行审计，而经济责任审计的机构主要是国家委派的审计机构作为为主体，并与纪检、组织、监察、人事等部门共同组成审计机构，对被审计单位的负责人进行经济活动、资金使用等进行审计。因此，高校经济责任审计是经济责任审计的一部分，是经济责任审计对象的具体化。

二、高校经济责任审计的种类

高校经济责任审计适当分类对于加强经济责任审计更有针对性，可以根据不同责任审计的特点，突出工作重点，采用适当的审计方法，控制关键点，规避风险，提高审计工作效率。按照高校经济责任审计的特点和不同的划分标准可以分为如下种类。

1.岗位异动责任审计和机构异动责任审计

随着高校的发展需要，高校设立的内部机构和领导干部适当调整变动，由此开展的经济责任审计可以分为岗位异动责任审计和机构异动责任审计。

岗位异动责任审计指经济责任人岗位发生变化，从而对其任职期间经济活动开展的审计。审计部门主要是检查经济责任人担任原职务期间所经办的经济业务活动的真实性、合法性及预算执行情况进行评价。

机构异动责任审计指经济责任人所任职的单位、部门发生分立、合并或撤销等变动，从而对经济责任人开展的审计。主要是对原机构的负责人在资产保值、增值、安全、完整等方面进行评价。

2.任期内经济责任审计和离任经济责任审计

任期内经济责任审计指经济责任人在任职一定期间内，对其所负责的经济活动进行的审计。主要检查经济责任人所经办的财务收支等经济活动有无差错或舞弊行为。

离任经济责任审计指经济责任人因某种原因离开任职单位、部门，从而对其所负责的经济业务活动进行的审计。确认履职情况，以解脱经济责任。

3.指令性责任审计和计划性责任审计

指令性责任审计指主管领导或主管部门根据实际需要下达指令要求对有关经济责任人开展的审计活动。有针对性地对经济责任人负责的经济业务活动目标执行情况以及经济责任人经办的资产、负债及经济效益等情况进行检查评价。

计划性责任审计指依据审计的有关规定对经济责任人开展的审计。按照工作安排对相关经济责任有计划、有针对性的项目进行检查和评价，对经济责任人执行财经纪律，经营管理水平等方面做出评定，提出建设性的审计意见。

4.参考性责任审计和决定性责任审计

参考性责任审计指根据规定或指令对经济责任人所经营管理的资产或经办的经济业务活动进行检查，评价其经营管理业绩及存在的问题，作为组织人事部门或其他有关部门考核参考的依据。

决定性责任审计指通过对经济责任审计，审计结果直接影响到经济责任人是否续聘、重用或解聘等结果的审计活动。通过对经济责任人担任领导职务期间的经济指标分析，客观公正地确认经济业绩或存在错弊，为正确使用干部提供重要的依据。

5.事前经济责任审计、事中经济责任审计和事后经济责任审计

按照审计时间的不同，可以将高校经济责任审计分为事前经济责任审计、事中经济责任审计和事后经济责任审计。

事前经济责任审计，指在经济责任关系确立之前，对经济责任关系主体的资产、负债、损益的真实、合法、效益情况进行审计，以保证经济责任关系各方合法、合理、正确地确定有关方案和合同，以保证经济责任的合理性、有效性，维护有关经济责任关系各方的合法权益。

事中经济责任审计，指在经济责任人任职期间对其进行的审计。在经济责任的履行过程中，审计机构可以根据需要对领导干部或经济责任人经济责任的履行情况进行审查和评价，以检察机关的财务收支、经济活动是否存在差错或舞弊行为，督促责任人正确履行经济责任，以便及时发现问题，防患于未然，保障国有资产的安全、完整和保值、增值。事中经济责任审计包括例行的年度审计和不定期的临时性审计。

事后经济责任审计，指在终止经济责任关系或者高校领导干部调离所在部门、单位后，对其履行经济责任情况进行的审计。如高校领导干部换

届或退休时，对经济责任关系主体的经济活动的合法性、真实性、有效性进行审查和评价，确认经济责任履行情况，以解脱责任人所负的经济责任。

第四节　高校经济责任审计流程与方法

一、审计计划阶段

领导干部任期经济责任审计应当按照计划进行，每年年底前，干部管理机关要提出下年度任期经济责任审计的规模建议，与审计机关共同协商，确定下年度任期经济责任审计的项目计划，列入审计机关的年度审计项目计划。因干部管理和监督工作的需要，在审计机关年度审计项目计划之外确需增加审计项目的，组织人事部门、纪检监察机关应与审计机关协商后提出意见，报请本级党委或人民政府批准后实施。干部管理机关的委托建议，应根据其管辖范围内的领导干部任期届满，或任期内办理调任、转换、轮岗、复职、辞职、退休等情况而定。在实施领导干部任期经济责任审计前，组织人事部门、纪检监察机关，以书面形式向审计机关出具委托书。委托书的内容应当包括审计对象、范围、重点及有关事项。随着经济责任审计制度的推行，经济责任审计将会成为审计机关一项重要的审计任务，只有将经济责任审计纳入审计项目计划管理，才能有助于促进经济责任审计的规范化。

二、审计准备阶段

经济责任审计是以人为中心的审计，因此以确定被审者作为工作的起点。首先，由学校组织部、人事处、企业主管部门提出审计委托，对拟要提拔或调离的学校所属企事业单位的法定代表人或主要负责人进行经济责任审计；然后，由主管校领导批准；最后，由分管处长（审计处处长）分解任务。

三、审计实施阶段

1.正式开始审计工作

首先在被审者所在的经营管理场所召开正式审计工作会议，出席会议的包括审计小组成员、分管处长、分管校领导、被审者及其所在部门相关人员，为协调好审计工作与被审者所在部门经营管理活动的关系打下一个良好的基础。然后在初步调查的基础上，进一步深入调查，采用抽样审计方法对被审者所在单位内部控制的适当性、合法性、有效性进行测试，并运用审核、观察、询问、函证和分析性复核等方法，获取充分、相关、可靠的审计证据。最后实施分析性审计。按相关的经济责任指标体系，对各种财务和经营报表的数据进行分析比较，具体包括：实际与预算的比较，多期数据的趋势分析，账户间关系分析等。审计人员应关注通过比较分析所发现的异常情况，从而有针对性地采取更详细的审计程序来开展下一步的工作。

2.分析评价内部控制制度

主要分析评价内控制度建立健全和运行实施情况。首先，审计人员要对被审者所在部门的内部控制建设状况进行调查，了解其在哪些方面、哪些环节采取了哪些控制方法来防范和监视错弊的发生。为此，审计人员需查阅其有关的规章制度和方针政策，组织机构图和各种工作程序手册，有关会计、统计和计划报表，过去的工作总结和贯彻执行国家方针政策情况的记录资料。若不是首次审计，还可查阅过去的审计工作底稿和审计报告。其次，采用调查表法对被审者所在部门的内部控制进行描述，如对其管理制度的制定和执行情况进行评价，具体包括：委托授权制度、内部管理制度、内部考核制度、内部财务管理制度。特别应重视被审者任期内单位财经法规与纪律执行情况，并进行符合性测试，以了解内控制度执行情况。然后，审计人员还应进行实质性测试，亦称金额测试，以证实账户金额的正确与否。最后，在对内控制度进行描述及测试后，审计人员可以对被审单位的内部控制情况做出评价。

四、审计报告阶段

审计报告阶段是审计组工作的终结阶段，其主要任务是撰写审计报告。经济责任审计报告不同于一般的财政财务收支审计报告。经济责任审计报告主要应反映被审计的领导干部在其任期内应负的主管责任和直接责任；经济责任审计的报告内容，不仅被审计领导干部及其所在单位所关注，而且被组织人事部门、纪检监察机关及有关党、政领导所关注，因为组织人事部门及纪检监察机关将其作为考核和任用干部的参考资料。

第五章　我国高校财务风险

第一节　财务风险的定义、分类、特点

一、风险及财务风险

1.风险含义

风险的产生源于现实世界的不确定性及人类对其认识的有限性。人类认识风险是因为风险通常与损失相联系，因此，人们习惯将不利事件发生的可能性称为风险。关于风险，目前尚无统一定义（Stephen A．Ross，Randolph W．Westerfield，Jeffrey F．Jaffe，2007）。不同学者分别从可能性与不确定性、预期与实际、主观与客观等角度进行了描述，并提出了不同的定义和解释。韦伯字典将风险定义为：危险；危难；遭受损失和伤害。其他有关风险的定义有：风险指出乎意料的可能性（Scott Besley，Eugene F.Brigham，2003）；风险指人们对结果的期望值与客观实际结果发生差异的不确定性（汤谷良，2006；荆新、王化成，1998）；具有不确定性的损失就是风险（尹平，1998）；风险是在风险状态下一定时期内可能产生的结果变动（顾镜清等，1993）。

彭邵兵、邢精平（2005）将风险归纳为三种观点，即"危险损失观""结果差异观"和"不确定性观"，并认为用"不确定性观"来归纳风险更具代表性。他们将风险定义为：风险是事件的不确定性所引起的，由于对未来结果予以期望所带来的无法实现期望结果的可能性。简而言之，风险是结果差异引起的结果偏离，即期望结果的可能偏离。该定义指出对未来结果的期望是风险产生的根源，并揭示了风险的实质是结果偏离。

由于风险是以一定的发生概率的潜在危机形式存在和可能性，不是已经存在的客观结果或既定的事实，因此，研究和控制风险的目标应是设法降低风险出现的概率值，阻止风险的潜在性转变为现实性，阻止可能的危机转化为现实的损失（刘格辉，2007）。

2.财务风险含义

研究财务风险首先要了解财务的本质。对于财务本质的研究现有文献有五种代表性的观点：货币关系论、资金运动论或资金关系论、价值分配论或分配论、本金投入与收益论和财权流。其中，资金运动论在中国财务理论界统治长达四十余年（刘贵生，1994）。这种思想也一直接影响到研究者对高校财务风险的界定。

对于财务风险的含义，现有文献有三种代表性的观点：

第一，认为财务风险是企业资金运动（或财务活动）过程中存在的风险，包括投资风险、筹资风险、股利分配风险、资金运营风险、外汇风险等。众多研究财务风险计量、预警、控制和管理的文献都以此为基础。代表学者如汤谷良（2006）、陈新宁（1999）、韩玲（2006）、刘格辉（2007）等认为，财务风险应该包括资金运动的全部风险，财务风险等同于财务管理的风险。

第二，认为是与企业筹资相关的风险，尤其指财务杠杆导致企业净收益变动的风险，甚至可能导致企业破产的风险。在几乎所有的西方学术著作中，均将财务风险视为筹资风险，它是具有负债筹资的企业所特有的风险。在规范的理财学术研究中，企业资本结构的设计与优化，就是在负债带来的财务风险和利用负债产生的收益间的权衡过程。在财务上投资和筹资是分离的，资本结构属于筹资领域，投资风险属于投资领域。

第三，认为财务风险有狭义和广义之分。狭义的财务风险是由企业负债引起的，具体说就指企业因借款而丧失偿债能力的可能性。广义的财务风险是把企业的财务活动过程作为一个完整的系统。包括筹资、投资、资金运作、收益分配四个有机联系的环节，在各活动环节中都有可能产生风险。熊筱燕、孙萍（2005）认为，财务风险通常有两种理解：广义的财务风险指经济实体各类风险的货币化表现；狭义的财务风险特指经济实体在开展各项经济活动中因资金筹措、投资和日常运营所面临的风险。

二、财务风险的分类

财务风险针对不同的经营主体和理财项目，在不同的理财阶段，面对不同的理财环境有不同的分类方式。

1.按资金运动过程分类

按资金运动过程，财务风险可以分为筹资风险、投资风险、资金回收风险和收益分配风险。筹资风险指与筹资活动相关联的财务风险，包括负债和自有资金的风险以及因筹资技术不佳或资金投放、使用、收回、分配得不合理而引起的筹资风险；投资风险指企业由于投资项目实际收益与预期收益之间的偏差，而给投资者带来的不利或者亏损的可能，主要包括收益风险、投资额风险、购买力风险、变现风险；资金回收风险指企业在成品资金到结算资金再到货币资金的转化过程中时间和金额上的不确定性；收益分配风险指企业由于收益分配而对未来生产经营活动产生的不利影响，主要包括收益确认风险和对分配收益的形式、金额和时间把握不当而产生的风险。

2.按产生原因分类

按照产生原因，财务风险可以分为制度性财务风险、固有财务风险和操作性财务风险。制度是事先做出的用来引导和限制个人行为的确定性规范，由于制度影响期长，相对稳定，一旦其不适应客观环境，就会对企业财务活动产生不利的影响。这种财务风险称为制度性财务风险，包括外部制度风险和内部制度风险。固有财务风险由自身固有风险与财务管理依据信息的固有风险构成。财务管理的许多理论都是建立在假设基础上的，因此理论本身就存在一定的风险。另外，财务管理主要依赖于会计信息，而会计信息本身也存在风险。操作性财务风险指在财务管理过程中，由于财务管理人员操作失误或对财务方法的选用不恰当而引发的企业财务风险。

3.按风险层次分类

按照企业财务风险的不同层次，财务风险可以分为战略财务风险、总体财务风险和部门财务风险。战略财务风险指对企业竞争战略和长期经营产生影响的综合性财务风险，一般通过市场来体现；总体财务风险指企业面临的，在未来一段时间内影响企业总体发展的财务风险，如汇率风险和利率风险等；部门财务风险指企业各下属部门所面临的财务风险，这些风险在特定部门内比较突出，而对其他部门影响较小。

4.按对应的不同期间分类

依据财务风险对应的期间不同，可以将财务风险划分为日常财务风险和特殊财务风险。日常财务风险指企业在日常生产经营中常涉及的财务风险，包括筹资风险、投资风险、利润分配风险等；特殊财务风险指企业只有在进行重大活动时才可能涉及的财务风险，如破产与清算风险、跨国经营财务风险、并购风险等。

5.按风险大小分类

按照风险大小，可将企业财务风险划分为较小财务风险、一般财务风险和重大财务风险。较小财务风险的后果不明显，对企业的各项生产经营活动不构成重要影响；一般财务风险虽后果严重但不至于构成致命性威胁；重大财务风险往往会导致企业的重大损失，甚至使企业生产经营停滞或遭受破产。

三、财务风险的特点

1.客观性和必然性

财务风险是市场经济条件下企业资金运动的必然产物，是价值规律的客观存在，不以人们的意志为转移，市场经营主体只能将其控制在一定程度之内。外部环境的变化、市场的调整、企业战略的转换、竞争对手的战略转换或新替代品的出现等因素都可能引发财务风险，因此企业对于财务风险无法完全规避，只能通过一定的措施将其控制在一定的范围内，或降低其发生的概率，但不可能完全避免，即财务风险不可能降低至零。

2.相关性

财务风险水平与风险报酬高低有关，一般来说，风险与报酬存在正向关系。对企业而言，财务风险高的经营活动，报酬率比较高，财务风险低的经营活动报酬率也低。因此企业若想获得超额收益就必须承担相应的风险。不过企业应当注意，要使其风险的承受程度和自身的抵御能力相匹配，盲目地追求高风险高收益也是不合适的。

3.偶然性

财务风险的偶然性指财务风险是可变的，在一定时期内、一定条件下有可能发生，也有可能不发生。这也导致了企业财务状况的不确定性。财务风险的偶然性还表现为企业财务风险的发生往往是突然的。也就是说，企业所处外部环境的不确定使得不同风险发生的可能性也不断变化，无法在事前准确判断某一种风险一定发生或不发生。同时，财务风险对企业造成的影响也具有偶然性，影响范围、影响时间、影响深度等均不确定。尽管财务风险具有偶然性，企业仍要采取措施预防重大风险的发生。

4.复杂性

财务风险的复杂性指财务风险不是一成不变的，它相对于不同的经营主体及各主体抗衡风险能力的具体条件而变化，即财务风险不是一个常数，而是一个变数。另外，引起财务风险有直接因素也有间接因素，有外部因素也有企业内部因素，这些因素有的可以提前预测，有的则无法预测。

5.激励性

财务风险是客观存在的，企业必须制定相应的措施来规避或控制财务风险，企业只有不断完善管理，尤其是建立内部控制制度，才能规避或控制财务风险。所以说财务风险具有激励性，即可以促使企业完善内部管理，使内控制度更加合理化、规范化和科学化，进而提高企业的竞争力。

第二节　高校财务风险的定义、组成及特殊性

一、高校财务风险的定义

1.高校财务风险存在的客观基础

财务风险原本是企业财务管理的一个重要内容。我国公办高校是依靠财政拨款的事业单位，传统意义上不存在财务风险。但是，随着20世纪末21世纪初我国高等教育的快速扩展和发展，行业竞争日趋激烈、经费投入的短缺日益凸显、高校在办学资金的筹集和使用等方面的法律环境出现了新的变化、高校自主权不断扩大、高校独立法人地位逐步完善、高校管理的效率意识不断增强，使得高校的管理思维开始更多地借鉴和运用企业管理的有用经验，高校的财务管理也由过去的无风险管理转变为现在的风险管理（王德春、张树庆，2003），由此高校的财务风险也正在凸显（郑继辉，2003）。

2.现有文献对高校财务风险的界定

在已有研究高校财务风险的文献中，对高校财务风险含义的界定比对企业财务风险的界定更广，几乎涵盖了高校已经或可能出现的所有困境。概括如下：

（1）高校财务风险指高校在事业发展过程中因资金运动所导致的某种不利事件或损失发生的可能性及其后果。此观点有比较广泛的代表性，但学者们从不同侧面进行了研究，对高校财务风险内涵有以下表述：

第一，指高校资金在营运过程中，主观愿望与客观现实相背离，现实的财务结果与理想的财务预测之间存在差异而造成的财产损失。代表学者包括肇洪斌（2006），薛红兵（2007），万宇洵、黄文雅（2006），刘艳华（2008）等。

第二，资金运动面临的风险包括资金筹措、投资和日常运营所面临的风险。代表学者包括王德春、张树庆（2003），李素红、黄耕、尹志军（2006），渠苏平（2008）等。

第三，资金运动面临的风险表现在预算收支不平衡、资本结构不合理等方面，并认为资本结构不合理是财务风险产生的根源。作者将高校财务状况根据资产负债表划分为三种类型：一是日常的资本结构类型。即流动负债主要用来筹集流动资产，自有资金全部用来筹集固定资产。二是异常资本结构类型。即资产负债表中累计结余是赤字，表明一部分自有资金已被亏损吃掉，从而总资本中自有资金比重下降，财务风险已经出现，须采取风险防范措施。三是不合理资本结构类型。即资产负债表中累计结余赤字数额巨大，表明亏损吞噬了全部自存资金，甚至吃掉一部分负债，此种资本结构已属不合理的资本结构类型，严重的财务风险已具有不可逆转性。代表学者是王漪（2006），这是从预算和资本结构方面探讨高校财务风险的一篇比较典型的研究。

第四，指财务状况总体失衡所产生的流动资金短缺和净资产亏损的风险。代表学者是陈琤（2006）。

第五，指因资金运动受难以预测的因素影响，而出现与初衷利益相悖的潜在损失。它反映了高校财务风险三层管理属性：一是由资金运动而引起的风险，二是风险的货币化表现，三是受不确定因素影响而形成的财务收益偏离预期收益的潜在损失。代表学者是蒋业香、李存芳（2007）。

（2）高校财务风险是高校运作所有方面的风险。柳志（2008）在运用AHP法计量高校财务风险评价指标权重时提出，高校财务风险不仅包括融资风险、投资风险，还包括扩招风险（如收费风险）、接受投资风险（如联合办学风险）、后勤社会化财务风险、财务管理失衡风险等。

（3）高校财务风险指贷款风险。王诚、毛建荣（2004）提出由于公办高校的财务风险主要来自银行借款，因此对公办高校财务风险的研究就转化成对高校贷款的风险研究。赵荣宾（2007）运用预算软约束和产权等经济理论，对高校贷款风险的产生根源进行了理论分析，认为高校贷款风险体现在偿债风险、利率风险、政策法规风险、委托代理机制风险、管理风险、规模风险、担保风险及发展风险等方面。

（4）财务风险和财务活动相伴而生。万艳丽（2008）的观点是只要有财务活动，就必然存在着财务风险，高等学校也是如此。

（5）高校财务风险指由于会计人员人为的工作失误带来损失的行为。肇洪斌（2006）认为会计人员人为的工作失误包括由于错报、漏报、多报会计信息，使财务报告失实或依据失实的信息误导监控行为而带来损失的行为属于财务风险。

纵观学术界对高校财务风险的界定，有些是将高校目前已经表现出来的方方面面的困境均视同财务风险，将高校财务风险的内涵无限扩大。郑鸣、黄光晓（2008）在《我国高校财务困境预测研究》一文中引入了高校财务困境、财务恶化、财务危机和财务风险的概念，但没有对它们进行区分和界定。肇洪斌（2006）则提出高校财务风险是在我国社会主义市场经济条件下，在高等教育迈向大众化道路的过程等双重因素下出现的衍生物。

3.从"现金流"的角度审视和评价高校的财务风险

总体来看，现有文献对高校财务风险的界定更多是对各种风险现象的描述。实质上是把对企业财务风险研究的那一套照搬到高校来（熊筱燕、孙萍，2005），没有结合公办高校运行及其资金运行的特点，深入探究高校财务风险的症结和产生这些风险的更深刻的根源。事实上，高校财务风险有自己独特的特点，应该和企业财务风险进行区分（陈玎，2006）。我们认为：

首先，高校是事业单位，财务收支活动的目的及目标与企业不同。虽然，高校的资金流转环节与企业类似，高校的财务风险与企业的财务风险也有类似之处，但因为高校与企业性质上的差异，两者在经营目标、产出内容、经营业绩表现等方面均不相同，财务风险的表现形式也有较大的差异。高校是非营利组织，支出不具有经费上的补偿性，运行成果的价值既难以以货币来衡量，也不追求营利性，资金运行没有可循环性及再生能力。高校投入的是可以货币化的资源，产出的则是很难货币化的、具有社会价值的人才和科研成果等公共产品，其运行的目标就是在特定的经费投入下提供尽可能多且质量高的公共产品，产生尽可能大的社会效益。事业单位的这一特性，决定了高校需要的是持续不断地经费投入，以持续不断地为社会提供公共产品。因此，高校财务风险的主要表现形式是缺乏持续不断的现金流来保障其公共产品的生产。

其次，高校的业务活动、资金运作方式不同于企业。高校的现金流入主要是政府的财政拨款、学生的学费收入以及社会捐赠收入等。高校的现金流孚几乎是与教学科研等活动同步进行的，而教学科研活动一般是由分散在多部门、多层次甚至是不同地点的教职工分别进行，因此现金流出的分布也必然是分散的。除人员支出通常由学校直接支付外，其他各项支出都是根据年初预算由财务处将经费下拨到相关职能部门（如教务处、科研处、各教学科研单位等）以及各院系，相关职能部门和院系再根据实际需求在预算额度内支付各项支出。

第三，预算管理是高校控制财务风险的主要抓手。预算单位细分度大是高校财务管理的普遍现象。高校预算的基本单位是项目，每个高校都有成千上万个项目。如果职能部门和院系没有及时足额地完成预算支出，就会形成学校可动用的沉淀资金，成千上万项目结余的集聚效应，就形成了高校"赤字预算"的客观基础，高校内部俗称"内债"。因此，除了高校按照"量入为出"原则安排的正常预算支出外，高校运行过程中自然形成的可借用的资金沉淀量、学校超预算收入安排的支出的规模、学校预算收支管理的实际控制力等三大因素决定着学校现实的支付能力和现金流量的充足与否，即学校的实际财务状况和财务的风险程度。

最后，适度举债成为高校财务管理面临的新挑战。传统的高校财务管理理念认为高校是事业单位，因此必须严格遵循"量入为出"的预算管理原则，学校既不能举外债，也不宜有内债。随着世界高等教育出现的"高校管理革命"，以追求效率为主要特征的企业管理理念逐步引入高校的财务管理，例如货币的时间价值、闲置资金的充分运用、财务杠杆的原理、绩效的评估等。同时，随着高等教育行业内竞争加剧，学校发展的法律环境变迁，学校独立法人地位进一步完善，使得高校适度举外债既有了需要，也有了可能。学校在适度举外债及内债求发展时，在"度"的把握上，主要的考量点就是要保证高校有适度的现金流来确保学校的正常运行，这就是高校控制财务风险的主要着眼点。

总之，通过分析现金流量，我们可以了解高校的现金来源和现金运用的具体状况以及现金余缺的信息，及时地识别财务运行的风险点，适时进行资金调度和风险的防范。因此，现金流量控制与财务风险管理是相辅相成、互为依存的：一方面，管控现金流量有利于防范和控制财务风险；另一方面，防范和控制财务风险，有助于高校现金流动的顺畅，保障学校各项事业的顺利进行。

二、高校财务风险的组成

作为非营利性组织，高校与企业不同，高校的财务风险从总体上看主要表现在以下三方面。

1.筹资风险

如今，高校资金筹集日益多样化，既有财政拨款、学费收入，也有国内外资助及金融机构贷款等其他形式。在高校的全部流入资金中，财政拨款是政府预算支出项目，来源最为稳定可靠，其风险一般可以忽略不计。而国内外资助资金，由于其在全部资金中所占比重较小，因此，对该部分资金的财务风险也可简化处理。学费收入风险指因学生拖欠学费而使高校遭受经济损失的可能性，此风险主要通过加强学生的收费管理来避免。

高校筹资风险主要体现在高校取得的金融机构贷款风险上。高校的金融机构贷款风险指高校向银行等金融机构取得贷款后，由于贷款结构不合理、贷款使用不当或贷款管理不善，而使高校遭受经济损失的可能性。高校贷款风险的成因主要有国家政策变动、利率波动、高校资金管理不善、资本结构不合理、长短期债务失衡、高校支付能力不足等。目前，向银行等金融机构贷款是高校解决资金短缺的主要途径，但是随着高校贷款规模的持续扩大，长期贷款比重的逐步增加，高校的融资成本也不断上升，巨额贷款使高校面临严峻的财务风险。

2.投资风险

在市场经济条件下，高校与企业一样受到市场经济规律的影响。但是高校不同于企业，企业投资的目的是追求更高的回报和盈利，而高校属于非营利性组织，其投资主要是为了满足社会日益增长的教学和科研需求，其投资风险主要体现在基建项目投资风险和校办产业连带风险上。

高校基建项目投资的投向合理性，直接影响着高校的办学水平与质量。高校若对自身定位认识不清，对所投资基建项目缺乏科学论证，则会导致盲目投资或重复建设，倘若项目完成后，不能取得预期的经济效益和社会效益，将会给高校带来巨大的还贷压力。

校办产业连带风险指高校校办产业经营而使高校产生连带经济责任的可能性。高校的校办产业是为了实现高校科技成果转化而成立的，虽然现在大多校办产业已经进行了公司制改造，但高校仍然与校办产业有千丝万缕的联系，一旦校办产业由于经营不善导致经济损失，高校很可能要承担连带责任。

3.教育教学风险

目前，随着高校招生规模不断扩大，虽然不断增加教育教学成本，但各高校仍无法保证软、硬件与学生数的同比增长。学校教学基础设施不足，生均校园面积、生均图书拥有量、生均教学仪器设备台件数减少情况在许多高校出现。师资力量不足，教师满负荷工作，知识得不到更新、提高，导致教育教学质量下降，科研能力减弱，培养出的学生名不副实，毕业生就业困难，最终使得高校信誉受损，办学效益低下，进而引发财务风险。

假如为了规避财务风险，高校进一步压缩日常教学经费、科研经费和师资培训经费及教师待遇经费等，只能加剧师资流失和教育教学质量下降，形成"教育教学风险—财务风险—教育教学风险—财务风险"的怪圈。

三、高校财务风险的特殊性

由于高校与一般企业在各个方面的差异，高校的财务风险也体现出其不同于企业财务风险的特殊性。

对企业财务风险的考量，往往要根据企业的资金流转环节从筹资风险、投资风险、利润分配风险等方面来进行。然而高校与企业有相似的资金流转环节，资金流转的目的却截然不同，即企业资金流转是为了获利，高校则主要从事非营利性活动，是为了满足社会的共同需要。因此，高校运营过程中产生的资金耗费，不可能像企业那样，通过销售产品或提供劳务，得到价值补偿并取得利润。虽然高校在国家政策规定范围内，除财政拨款外，也可以依法取得一定的收入，但是目前，这部分收入在我国高校总收入中所占份额仍很小，不足以抵补支出耗费，只有依靠国家财政拨款，才能保证高校业务活动的顺利开展。可见，在资金流转方面，高校财务风险管理有其特殊性，主要体现在：筹资方面的政策性较强，开支方面的补偿性差，产品方面的无营利性、周转方面的再生性弱等。同时，资金收支活动渠道多样化、校办产业种类多样化、财务管理政策性强等高校财务管理的复杂性，也会导致高校的特殊财务风险。

第三节　高校财务风险的成因

一、高校扩招，财政拨款不足

高等教育不仅在消费上具备着明显的竞争性和排他性（有限的高等教育产品供给不可能满足全社会的所有消费需求），而且在收益和成本上具备着很强的外溢性（接受高等教育的人越多，社会中的知识资本和道德资本将越多，从而有益于整个社会，而高等教育的成本则部分来自其他纳税人）。因此，高等教育是一种典型的准公共产品，其最佳提供模式是政府和市场的联合供给模式。这也正是世界各国正在不断推进高等教育财政体系改革的基础理论依据。

我国高等教育财政拨款上的严重不足，而大幅度提高学费的标准是社会无法承受的、也是不可能的。虽然扩招也给高校带来了学费、住宿费等收入的增加，但学费等收入并不能满足高校由于学生数量的增加，而同步增长的是对教学教辅设施、设备以及师资队伍的建设方面经费增长的需求以及由于高校内部管理体制改革而增加的成本。高校持续大规模的扩招而财政拨款不足，其他无偿性的筹资能力有限，使高校举债似乎成为我国高校现阶段走超常规、跨越式发展的唯一选择。加之许多高校对支出的控制严重不足，给高校的运营带来了潜在的风险。其主要表现为：财务支出缺乏必要的制度规范、高校行政机构改革滞后、财务支出结构中日常性支出膨胀。这些都加大了财务收支平衡的难度。

二、银行盲目放贷，高校财务风险的意识淡薄

随着我国教育观念的转变，教育对国民经济具有先导性、全局性、基础性作用的确认，使得银行把高校作为拓展信贷业务的新领域。长期以来，银行一般只把高校作为结算户和存款户，合作范围仅限于结算服务和吸取存款。银行向高校大规模的贷款始于 20 世纪末，高校扩招产生了贷款的内部需求。由于我国当时正处于市场经济发展的初期，竞争加剧，企业经营风险加大，加上一些企业信用程度不高，拖欠银行贷款资金问题严重，银行向企业发放贷款的风险很大，出现银行对企业"惜贷"的情况。此时整个宏观经济偏冷，"教育产业化"观念一度盛行，高校正处于买方市场，供不应求。而对于银行来说高校是特殊的法人主体，高校归国家所有，有政府兜底，没有破产之忧。尽管《高等教育法》规定高等学校校长是学校的法定代表人，高等学校在民事活动中享有民事权利，承担民事责任，但高校没有破产法，虽是独立法人，但不承担倒闭的风险。这使得银行对高校贷款资金的安全性、可行性和效益性充满自信。较之银行对企业的贷款，银行对高校贷款的风险大大降低，从而高校成为金融部门追逐的热门领域。显然，选择学校作为贷款的对象，也是银行追逐自身利益、规避风险的一种表现，这也是高校的大规模贷款的外部推动力。

收付实现制是高校会计制度与企业会计制度重要区别之一，是记账基础的不同。企业实行的是"权责发生制"，是以应收应付为标准作为确认收入和费用的归属的依据的。凡属本期已获得的收入，不管是否已收到现

款均作为本期的收入处理；凡属本期应负担的费用，不管是否付出了现款都作为本期的费用处理。反之，凡不应归属于本期的收入，即使现款已经收到并且已经入账也不作为本期收入处理；凡不属于本期的费用，即使已付了现款并且已登记入账也不作为本期费用处理，从而使企业的债务明显化。高校实行的是"收付实现制"，它是把收到或支付现金作为确认收入和费用的依据的，这使得高校所有赊购的资产或劳务均不作为费用，所形成的事实负债也不在总账中反映，实际上是一种典型的"形式重于实质"的原则。因此，在这种情况下，当银行对高校的投资项目进行论证时，如果沿用研究企业财务风险的方法和原理对高校财务进行分析和测算，如"学校年末对外负债总额占学校总经费收入的比重""应收及暂付款占年流动资产比重"等指标衡量高校财务风险时，都没有考虑高校"账外事实负债"的因素，因而它们对高校财务风险的反映也是不全面的。同时，高校的固定资产并不计提折旧；高校的"应收及暂付款"主要是暂付款，而暂付款基本上是垫付款未核销数，实际上已形成支出，但仍然反映在高校的资产中，所以在运用"资产负债率"这一指标衡量高校偿债能力时，必然高估学校偿债能力，低估偿债风险。从而导致银行过于乐观向高校贷款，成为高校超规模贷款又一成因。

三、筹资渠道单一，借款费用过高

随着财政体制改革的深入，政府财政在保证教育经费拨款增长高于财政经常性收入增长的前提下，按照公共财政的要求，将集中财力办好重点高校的重点项目同时加大对基础教育的投入，这使得高校光靠财政资金来满足学校扩张的愿望难以实现。因此，在高校管理体制中必须引入市场机制，利用社会资金、金融市场、资本市场多渠道筹措教育经费。

另外，很多高校定位定得太高，于是校区发展加大，贷款规模随之扩大，负债投资的成本与收益不相匹配，导致了潜在的负债风险。并且学校负债的偿还责任存在着模糊性，存在"债多不愁"现象。有些高校在负债额度的控制上以负债利息成本的承受能力决定负债的多少，几乎不考虑学校偿还本金的问题。高校的建设规模与潜在的招生规模不匹配。高校贷款用于学校的硬件和软件的投入，需要有预期的生源和经费收入的支撑，如果高校生源不足或完不成招生计划，就会出现建设规模与在校生规模不一致的情况。在目前高校还贷主要依靠学费收入的单一渠道时，高校预期收入无法实现必然造成资金紧张，这将直接影响债务的偿还能力，产生债务风险。

四、财务管理观念滞后

"核算型""报账型"财务管理工作模式已经远远落后于高校改革进程，并与市场经济发展的要求不相适应。部分高校的财务工作的重点还基本停留在记账、算账、报账等方面，过多地强调服务职能而忽视了内部管理职能。在计划经济体制下高校经费基本上是政府拨款，高校财务工作属于"核算型""报账型"，财务管理的目标只是把钱用好，缺乏应用"经营型"财务管理的环境和土壤。由于一些财务人员管理意识薄弱，财务管理观念陈旧，受计划经济的思维惯性影响，财务管理观念陈旧，对国家财政法规制度的执行教条化，高校内部的一些财务管理制度又与实际脱离，导致财会工作面临的压力和矛盾增加，财务管理难以深入。

长期以来，我国高校在对教育经费的使用上，重视社会效益而忽视经济效益，重视教学、科研等计划任务的完成而忽视对已购资产的管理和充分利用；无形资产、经营性资产有偿使用观念淡薄，资产管理混乱，家底不清，知识产权流失问题突出，教育资源浪费严重。在资产配置中，高校过于重视找项目、要资金、购设备，而轻视资产使用的管理和考核，忽视建立学校资产配置的约束性机制，资产配置部门和决策者对资源配置是否得当并不承担责任。随着对校办产业的扶持力度的加大，高校通过投资、出租、出借等形式形成的经营性资产大幅度增加，但由于高校资产有偿使用考核制度并不完善，重投入、轻考核，不计或少计学校投入资产的折旧费或占用费，使得经营性资产保值增值率较低，学校的投入得不到应有的补偿和回报，更谈不上以收回的资金进行二次投资、扩大规模，无法实现投资的目的。

五、预算体制不完善，资金安排不合理

随着高等教育改革的探入，高校逐步成了法人实体，国家的财政拨款相对减少，资金需求与财政拨款之间的缺口日渐加大，高校自筹资金的压力也随之增大，高校在筹集资金、调度资金及合理运用资金等方面面临许多复杂的问题。许多高校的财务管理没有做出相应的调整，缺乏比较完善的预算体制，不少高校的管理者以及财务工作者没有充分意识到新形势的转变，仍然墨守成规，不能正确测算学校财力可以承受的能力，盲目追求脱离实际的发展，资金运用缺乏合理性导致学校综合财力入不敷出。

六、生源不足，学生欠费问题并存

我国高等教育扩招选择的时机是比较好的。从 1999 年开始是大学生源的上升期，生源没有太大的问题。由于扩招，各高校财大气粗，大兴土木，纷纷兴建新校区。但是，中国高校生源在 2008 年将达到顶峰，然后直线下降，2006 招生规模已经达到 530 万人，而应届考生只有 667 万。现在高校为了扩招而贷款修建的教室、购买的设备，随着生源的下降，可能会无力偿还，部分高校可能面临破产。2006 年 7 月 10 日，台湾国民党主席马英九回答美国《时代周刊》说："允许大陆学生在台湾大学入学，因为我们招生能力过剩，而他们则非常短缺"。可见台湾也盯上了大陆生源。现在香港的大学纷纷转向内地招生，分析其原因是什么？如果大陆生源不够，而又被香港、台湾以及国际的大学吸引部分（同时转移走大量学费），中国高校该怎么办？

目前计生委和人口学界公认的我国的生育率（平均每个妇女生育的孩子数）只有 1.8 左右。即使今后高校招生规模稳定在 2006 年的 530 万，那么今后会怎么样？530 万只占 1988 年出生（2006 年大学新生）人口 2464 万的 21.5%，但却占 1999 年出生（2017 年大学新生）人口 1150 万的 46%。并且由于我国目前还没有完善从小学到高中的义务教育，应届高考报考生只占同龄人的 27%，即使 11 年之后能够将这个比例增加到现在的 1.5 倍（41%），那么每年高考报考人数也只有 468 万。即使 100% 高考录取率（质量如何保证？），也招不满 530 万人；11 年之后将这个比例翻倍，那么每年高考报考人数也只有 624 万，高考录取率达到 85% 才能招满 530 万大学生。而那时中国的经济结构能够吸纳如此高比例的大学毕业生吗？加之目前高等教育的高成本、就业难和职业教育的发展，如果各高校还盲目扩建，今后可能会有大批高校破产！

另外，许多高校的学生欠费现象也日益严重，欠费数额越来越大，已成为困扰高校的瘤疾。某高校新学年开学后仅新增的学生欠费就分别达到了 2 900 万元之多。这种状况的存在严重削弱了高校经费的自给能力，影响了学校的资金筹集。

第四节 国外高校财务风险控制经验与启示

通过前文关于高校财务风险影响因素的分析可知，影响高校财务状况的因素来自多方面，但筹资活动因素所产生的影响是最大的。因此，在这一部分对国外高校财务风险控制经验的介绍中，将着重介绍美国高校、英国高校和日本高校在教育经费筹集方面的先进经验，希望能够从中获得一些有益的启示。

一、美国高校财务风险控制经验与启示

（一）美国高校财务风险控制经验

美国是世界上高等教育发展速度最快也是发展水平最高的国家之一。根据 2012 年世界大学排行榜，全世界 100 所最好的大学当中美国占据了 3 成以上。美国高校之所以能够又好又快地向前发展，其中最主要的原因之一就是筹资渠道来源的多元化。美国高校总体上可以划分为公立高校和私立高校两大类，尽管由于高校的归属不同导致经费来源渠道及其所占份额

存在显著的区别，但美国高校的经费来源渠道大体上可以分为政府拨款、销售服务收入、学杂费收入、捐赠收入和其他收入等。

1.政府拨款。政府拨款所占比重的高低是美国公立高校和私立高校最大的区别之一。政府拨款在美国公立高校的经费来源渠道中一直占据着绝对主体地位，其比例基本上能够保持在50%以上。政府拨款资金主要来自各项税收，如个人所得税、消费税和财产税等，其中个人所得税和消费税是州一级政府拨款资金的主要来源，财产税则构成了地方政府拨款资金的主要来源。美国对高校的政府拨款主要由联邦政府、州政府和地方政府等三级政府共同承担，因此，政府拨款也就相应地划分为联邦政府拨款、州政府拨款和地方政府拨款。

（1）联邦政府拨款。美国联邦政府对高等教育的财政支持并不是直接通过向高校拨付教育经费来体现的，而是采用补助金、低息贷款、勤工俭学、科研资助和提供联邦政府土地等间接形式来支持高等教育事业的发展。在经费额上，联邦政府拨款在高等教育经费总额中所占的比例一直保持在12.3%～12.5%之间，尽管所占比例不高，但从美国高等教育的发展历程上看，联邦政府拨款永远是美国高等教育发展的最主要的推动力，它始终在高等教育的发展过程中起着带头的作用。

（2）州政府拨款。州政府拨款主要分配给本州的公立大学，一般能够占据州公立高校教育经费收入的40%～60%。当然，州政府拨款也会向私立高校予以适当的倾斜，其发放用途主要是用于提供学生的奖学金或助学金，并且近年来州政府给予私立大学的财政拨款大有逐年增长的发展趋势。

（3）地方政府拨款。地方政府的拨款对象范围相对较窄，一般情况下不会对州立大学和私立大学发放拨款资金，其拨款对象主要是社区主办的两年制社区学院或技术学院。

2.销售服务收入。销售服务收入指高校通过开展教育活动、兴办附属企业和医院等形式获取的经费收入，这与我国高校的校办企业有相似之处。高校开展销售和服务活动，不仅可以获取相当可观的经济收益，同时也能够推动产学研相结合、科学技术进步。在美国，无论公立高校还是私立高校，销售服务收入在经费收入总额中所占的比重都在20%以上，都构成了两类高校的第二大经费收入来源。

3.学杂费收入。学杂费收入是美国私立高校的第一大经费收入来源，其所占比例能够达到50%左右。20世纪90年代以来，随着美国政府投入的高等教育经费在经费总额中所占比重逐年降低，学杂费金额正在逐年上涨。20世纪80年代，在美国读完四年的大学本科，公立高校、私立高校及名牌高校的学费分别只需3万多美元、7万多美元和10万多美元。而到了2002年，上述数字分别上涨到了5.2万美元、13.4万美元和30多万美元。学杂费的迅速上涨，既表明它在美国高校经费收入渠道中的地位越来越重要，也表明美国多数家庭的经济负担将更加沉重。

4.捐赠收入。捐资助学一直以来都是美国高等教育事业发展历程中的一道亮丽的风景线，耶鲁大学、斯坦福大学、哈佛大学、康奈尔大学等高校都是积极利用捐赠收入办学的著名高校。早在1994年，美国高校接受的募捐总额就已经达到了124亿美元，而我国高校直到2009年才达到125.49亿人民币。中美两国高校在捐赠收入的差距之所以如此之大，一方面，是美国社会和个人对高等教育的支持程度较高、政府制定免税政策鼓励捐赠，另一方面，也在于高校是否善于发动社会和个人积极踊跃地来为高校捐资。美国的多数高校特别是私立大学，它们将募集捐赠收入视为一项极其重要的工作去做，不仅成立了专职人员负责的专门机构来募集捐款，甚至有的高校将募捐范围扩大到了全世界，如加州大学洛杉矶分校就在日本、韩国、中国香港、中国台湾、泰国等地建立校友会来募集捐款资金。

（二）对我国高校控制财务风险的启示

从美国高校的筹资经验可以看出，多渠道筹集教育经费是有效降低财务风险特别是筹资风险的一条有效途径，这也是我国高校最应当认真学习并合理借鉴之处。此外，美国政府对社会和个人向高等教育捐赠资金进行免税的做法，也是值得我国税收政策制定者认真学习借鉴的。

二、英国高校财务风险控制经验与启示

（一）英国高校财务风险控制经验

自 20 世纪 80 年代以来，英国的高等教育体制发生了巨大的变化，特别是教育经费筹措方面做出了很多力度较大、范围较广的改革举措。著名学者 S.Slaughter 和 L.L.Leslie 在其著作中曾指出，英国的高等教育经费筹措机制的改革是全世界改革力度最大的，英国的高等教育系统的市场化程度在全世界是仅次于美国的。鉴于此，对于市场化程度较低的我国高等教育事业而言，学习并借鉴英国高校财务风险方面的控制经验就具有了更重要的意义了。

英国的高等教育体系是由三个相对独立的教育体系共同构成，其中英格兰和威尔士部分由英国教育部负责，苏格兰部分由苏格兰教育部负责，北爱尔兰部分由北爱尔兰教育部负责。尽管不同的教育体系分属不同的教

育部门掌管，但英国宪法的相关规定在宏观上对上述三种教育制度做出了统一，在微观形式方面则允许各教育体系存在不同。

英国的高等教育经费筹措渠道与美国相似，也分为政府拨款、学杂费收入、社会捐赠、产学研结合、招收国外留学生等方式。尽管英国的高等教育体系划分为三块，但与美国的公立高校与私立高校并存的局面相比，英国高校的类型则显得非常的单一。在英国，绝大多数高校都是公立的，可以说私立高校在英国的影响基本上可以忽略不计。因此，在教育经费筹措渠道上，英国高校更多的是依赖于政府拨款，其在教育经费总额中所占的比重一直保持在 60%～70%左右。在拨款的形式上，英国政府拨款与美国联邦政府拨款基本相同，主要通过向高校学生提供奖学金、助学金和助学贷款以及拨付科研经费的方式。

在学费收入方面，且不谈美国私立高校收取的金额和所占的比例有多高，即便是美国的公立高校，学费收入在经费收入总额中所占比重一般也要达到两成左右。但在英国，本国学生的学费所占比例非常小，其收费标准比海外留学生要低很多。甚至在 1998 年之前，英国高校对本国学生是不收取学费的。当然，近年来随着全球经济景气程度的下降，英国经济也面临着发展缓慢的局面，随着高等教育成本的不断增加，英国政府对高等教育的支持力度愈显力不从心。因此，无论本国学生还是海外留学生，其学费金额也在逐年上涨，学费在高校经费中的比重也在逐年上升。此外，英国高等教育部门还将高校学生生活费的助学金制度改为了贷学金制度，此举将进一步降低政府对高等教育的负担。

在社会捐赠方面，英国与美国相比最大的特色在于，英国的社会捐赠体现的是一种交换式或者说是一种互惠式的捐赠，即捐赠者是以从高校获取某个研究成果或共享某项专利为条件对高校进行捐资助学的。这种形式上的捐赠，实质上还是相当于买卖交易，只不过高校获得的捐赠金额与捐赠者获得的研究成果的价值并不一定对等。但这种捐赠的方式依然是值得肯定的，因为这样做既保障了高校的经费收入来源，也能够更好地调动捐赠者积极投身高等教育事业的积极性，还能够更好更快地促进高校研究成果的转化。

（二）对我国高校控制财务风险的启示

与英国相比，我国高校经费中财政拨款的比重依然较低，特别是当前我国财政性教育经费支出占 GDP 的比例尚未达到 4%，进一步加大政府对高等教育事业的资金支持力度就显得尤为迫切了。诚然，全世界的高等教育都在朝着市场化的方向发展，但政府仍然需要在高等教育事业的发展进程中扮演绝对的"主角"，英国高校的筹资经验就是最好的例证。此外，英美两国对高校多样化的政府拨款形式也是有很大的借鉴意义的。

三、日本高校财务风险控制经验与启示

（一）日本高校财务风险控制经验

日本的高等教育财政体制实行的是中央和地方相结合的方式，具体表现为：国立高校的教育经费主要由中央财政负担，公立高校的经费由地方政府负担，私立高校的教育经费基本上由高校法人承担。纵观日本高校的经费来源渠道，大体上与英美两国相似，也是分为政府拨款、学费收入、捐赠收入和校产收入等。因此，在接下来对日本高校财务风险控制经验的介绍中，对于英、美、日三个国家的高校在经费筹措方面的相同之处将不

再赘述，我们将着重介绍日本高校与美国高校、日本高校与英国高校在经费筹措方面的差异。

1.日、美两国高校经费筹措方面的差异

日本高校与美国高校在经费筹措方面的差异主要体现在政府拨款资金的来源不同。如前文所述，美国政府对高等教育的拨款来自联邦政府、州政府和地方政府，其中联邦政府和州政府的拨款资金主要来源于个人所得税和消费税，而财产税则构成了地方政府拨款资金的主要来源。与美国不同，日本政府对高校的拨款资金主要来源于三个方面：其一是租税，这是拨款资金的最主要来源，它是从政府的各项税收收入中专门拿出来用于支持高等教育事业的；其二是发行教育公债，这种募集教育经费资金的渠道是国家专门在教育资金上极度紧缺时才会使用的；其三是利用教育基金。除此之外，日本在高校归属的设置上划分为三块，即国立大学、公立大学和私立大学，这也与美国高校划分为公立和私立两大类的做法略有不同。

2.日、英两国高校经费筹措方面的差异。

日本高校与英国高校在经费筹措上的差异主要体现在私立高校在整个高等教育体系中所占的比重，这一比重也将直接影响到高校教育经费的来源。如前文所述，英国的高等院校基本上清一色的都是公立高校，这也解释了为什么英国高等教育经费中政府拨款占据着如此大的比重。但在日本，私立高校却占据着绝对的主力地位。据统计，日本现有高等院校近3 800所，其中私立高校就有3 200所之多，比例达到了84.21%。尽管与其他国家的私立高校一样，日本的私立高校的教育经费也主要来源于学费收入。但近年来，日本中央政府对私立高校的财政补助资金占私立高校教育经费的比重逐年上升，最高的年份甚至达到了30%左右。与此同时，日本政府对私立高校的财政支持方式也不仅仅是单纯发放补助金一种，还包括向私立高校提供长期低息贷款、对私立高校实行特殊的税收优惠政策等。正是由于有了政府强有力的支持，日本的私立高校才会发展得如此迅速。可以说，日本高等教育事业的发展很大程度上是通过私立高校的发展来得以体现的。

（二）对我国高校控制财务风险的启示

我国在高校的归属设置上与日本相似，也是划分为中央部委直属院校、地方直属院校和民办高校，但日本对高校的财政支持力度却远远高于我国，即便是对私立高校，日本政府的财政拨款也能达到高校经费收入的 20%左右，最高时曾一度达到了 30%。相比之下，不仅我国对民办院校的财政支持可以忽略不计，就是对一些省属、市属公办院校，预算内财政经费占高校教育经费的比重也未能过半。因此，进一步加强政府资金对民办院校和地方院校的支持力度正是我们需要从日本高等教育发展经验中学习和借鉴的。

本节通过对美国高校、英国高校和日本高校在控制财务风险特别是筹资风险方面经验的介绍，希望能够从中获取适合我国高校实际状况的一些启示，为接下来提出相应的对策建议提供思路。

第五节　高校财务风险控制措施研究

一、加强预算控制

1.加强预算执行力度，成立预算控制委员会和预算办公室

高校应加大对预算执行情况的监督力度，依据学校的实际情况成立专门的预算委员会、办公室。高校的预算委员会成员由学校主管领导、财务部门工作人员以及各个院系、附属单位的代表组成，这样可以便于不同部门之间及时沟通，提高预算编制的准确性、预算分配的公平性、预算修正的时效性。在此过程中，各个院系的代表，需要发挥应有的信息传递、反馈的作用。由于科研经费、课题申请等每年存在很大的不确定性，各个院系的代表应及时了解本院系教师的科研情况，及时收集相关资料向财务部门汇报。预算办公室负责管理学校日常的预算性资源，有效利用资源，支持学校的日常财务活动，并且向学校的主管领导提供必要的财务咨询信息。经费预算应科学客观，在保障学校各项工作顺利进行的前提下，减少费用超支、追加预算的现象；财务与资产管理处对各部门上报的预算进行汇总，预算委员会要对各部门上报的结果进行科学的评估分析，并结合学校的实际情况提出相应的修改建议，在此过程中预算委员会要注意与基层部门的沟通，使预算工作真正落到实处；各基层部门按照预算委员会的建议调整自己的预算项目，再报委员会进行审批，经学校教职工代表大会讨论通过后，报学校常委会审批。

预算控制办公室的主要职责是：结合高校的实际情况，通过具体的财务数据分析，从战略上把控高校的财务规划目标；统一协调学院的财务工

作，对各项经济工作及收费管理等财务工作进行研究、审议；对高校的各项财务决策进行审议；审议高校年度财务预决算，学院各项基金收入计划等重大财经事项；审议有关财经管理的各项规章制度，对重大投资事项进行论证等；向校长办公会报告。预算控制办公室具体职责如下：

（1）严格依照国家有关法律法规，结合高校的实际情况，审查监督高校财务制度的制定情况，并督促各项规章制度落实实施，使高校的各项经济活动规范化、制度化。

（2）做好财务规划，合理配置高校的财务资源，提高资金使用效率，研究并提出学校如何开源节流、如何增收节支的措施和办法。

（3）研究学校内部的经济关系，负责上报学校各部门在经济活动中所涉及的各类收费项目及收费标准的审批，监督其使用财务的统一票据，并对违规收费的单位及责任人进行监督纠正；审议社会化服务项目及有偿服务项目承包经营合同；审议制定学校的各项经济政策和分配制度。

（4）本着高度负责的态度，对高校重大投资项目、基建项目等提供可行性研究报告，并报预算委员会审批。

（5）对负有经济责任的个人进行审计审查工作，做好预防腐败的监督工作。

（6）研究高校财务资产管理问题，制定和完善国有资产管理制度，盘活存量资产，确保其增值保值。

2.完善预算执行的奖惩制度，建立绩效考核机制

学校预算控制办公室应负责制定预算工作奖惩制度，将预算考评方案细化到各个部门，本着"节约有奖励，超支有惩罚"的原则，对按时按量完成收入预算的部门及时给予奖励，对合理完成支出预算的部门及时给予

奖励，对预算决算差异控制在15%以内的部门及时给予奖励，奖励应该与教职工的薪酬福利挂钩，增强每位教职工开源节流的意识。

3.完善预算编制的科学性、完整性、合理性

在编制预算的过程中，学校的财务部门应该深入到各个部门中，了解当前的学校分部门发展状况，制订合理的预算方案，将预算的完成情况与部门负责人、部门员工的经济责任进行挂钩，制定奖罚分明的管理办法，并将此作为人力资源考核的重要参考。每月一次对各部门、个人的预算完成情况进行检查，同时学校财务的负责人应对相关部门、个人进行抽查，杜绝走过场的现象。在编制预算的过程中要重点加强对人工成本的数额、发放、分配及工资总额的控制；加强对管理费用、财务费用等期间费用的预算编制、审批工作。根据高校经费的支出情况，重点应加强的预算项目编制包括：工资、奖金、津贴、医疗保险、养老保险、失业保险、工伤保险、生育保险、住房公积金、辞退福利、职工福利费、职工教育经费、工会经费；通勤费、通信费、取暖费、降温费等与职工有关的支出。结合高校的实际情况，制定出相关的细则如下：

（1）工资根据上年职工工资总额、员工增减计划确定，具体细则参照学校的规定；"五险一金"参考上年实际发生数、预计基数变化幅度计算确定；

（2）职工福利费按当年收支结余数的20%计提，按职工福利费的开支范围分项合理预测；

（3）工会经费按预算年度工资总额的2%计算确定；

（4）职工教育经费在预算年度工资总额的10%以内，按职工教育经费的开支范围分项合理预测；

（5）辞退补偿按预算年度工资总额的 0.5%计算确定；

（6）能耗费用成本（包括：水费、电费、冷暖费、天然气费、车辆用油费等）根据能源价格和预计消耗数量计算确定；

（7）差旅费用按行使趟次、收费价格计算确定；

（8）固定资产日常维修费根据固定资产类别、维修定额计算确定；固定资产大修费按大修计划计算确定；

（9）低值易耗品、办公费、制服费、劳保费、误餐费、通信费、通勤费依照学校职工定额消耗确定；

（10）济困资金按学费收入总额的 6%计算确定；

（11）绿化环卫费参考上年外包协议、养护面积、养护标准预测确定；

（12）公差费根据差旅费开支标准和预计出差人次、出差地点计算确定；

（13）保险费参考上年保险费率和预计取费基数计算确定；

（14）会议费按预计会议标准、会议次数计算确定；

（15）电话月租费按电话部数、定额标准计算确定；

（16）印制费按预计的印刷品数量、价格计算确定。

此外，学校的预算委员会应该重点审查预算编制工作是否全面，因为高校的收入大部分来自国家财政拨款以及相关的事业性收入，但是由于学校还存在一部分除了学费、住宿费以外的自筹业务收入，这使得各个部门存在留存资金的空间。为了避免各部门对自筹收入部分的截留、拖欠，学校应该充分发挥预算委员会的作用，及时对各个部门的收入情况进行了解，制定合理的创收分配制度，调动教职工执行预算的积极性，这样既能保证自筹收入被按时上缴，又能保证预算管理的全面性。除了收入预算外，高校更要注重的是支出预算的编制。通过前文的分析可以看出，高校的实际支出远多于预算支出，这给学校的财务工作带来了很多的困难，高校在完善支出预算的编制工作的同时，要制定支出预算的调整工作，及时根据部门的反馈，调整支出预算编制，通过预算委员会及时上报给主管领导，根据学校年度工作规划并结合学校财务状况进行合理安排，严格控制超支情况的发生，如果发生超支要对相关负责人进行问责处理，调查清楚超支的具体原因，防微杜渐，保障高校财务计划能够得到很好的实施。

二、建立健全学校内部控制制度

1.完善高校的内部控制环境

首先，高校要切实加强内部控制制度的建设，管理层及内部各职能部门负责人必须牢固树立内部控制意识，各基层员工更要把内部控制制度落到实处。其次，高校要从职务分工和机构设置两方面来具体完善内部控制：一方面，确保不相容职务分离，另一方面，要做到组织机构的相互牵制，同时要明确地对授权和分配责任方法进行控制，正确处理好决策、行政和监督之间的关系。最后，高校要完善人力资源相关制度政策，在内部实施关聘用、培训、业绩考核考评及晋升等政策和程序。

2.对高校财务管理进行风险评估

高校存在着各种各样的财务管理相关问题，进而引发了多种类型的财务风险，内部控制理论的风险评估就是识别、分析企业运作过程中的相关风险，高校也同样需要建立有效的风险评估制度来识别并控制潜在的风险，关于高校财务风险的评估和预警机制建立，有许多文献都做过详细研究，后面章节会详细介绍，此处不做具体说明。及时有效的风险识别和准确高效的风险评估是高校避免财务风险发生极为有力的保障，任何形式的风险若是能够扼杀在摇篮里就不会造成我们无法面对的风险，风险的预防永远比风险的解决造成的损失小得多。

3.完善高校的信息与沟通

为提高工作效率同时避免人力成本的大幅度增加，高校要充分利用信息管理系统作为信息交流的沟通渠道，尤其要重视高校财务管理信息系统，要建立以财务管理信息系统为中心的信息管理平台，实行信息化和网络化管理，提高管理水平和信息质量，增强信息共享程度。高校的财务管理人员之间必须有良好的沟通及时的信息交流才能够高度默契的配合工作，不在财务管理内部出现能够引发财务风险的现象，另外，财务管理工作毕竟不是只依靠财务管理人员就可以做好的，财务管理是涉及高校日常管理的方方面面的，所以财务工作者也必须和非财务管理人员之间有良好的信息交流，以便于非财务管理人员能够十分理解财务工作并积极地配合管理。

4.对监督工作要高度重视

高校能否正常运转以及相关制度体系是否落实到位在很大一部分程度上取决于监督的作用，作为非营利性组织的高校不仅要充分发挥高校自身内部审计部门的监督作用，还要采取各种形式的公开信息，主动接受全体师生和政府有关部门以及社会各界人士的监督。监督管理在任何形式的组织中都是十分必要的关键一环，任何事情若是缺少了监督管理都可能产生我们难以接受的不良结果，高校这样的非营利性事业单位就更需要严格的监督管理，不仅是高校内部要高度重视，社会各界人士都在关注着高校的行为，国家和地方政府的审计部、会计部和教育部等相关部门也会定期地对高校进行监督审查，高校作为一个特殊的组织形式，就要有更为妥善的监督机制才能够有效地保障各方面良好运作。

5.加强风险防控文化宣传

风险管理文化在内部风险控制方面起着非常重要的作用，高校在完善相关制度的同时更应该加强建设风险管理宣传，依靠风险防控文化来引导风险管理，能够让教职工发自内心地自觉行动，而不能单纯地依靠规章制度的强制约束。近年来学校发展瞬息万变，风险点也在不断地变化，因此，全员参与风险管理势在必行，这一理念应成为高校在进行风险管理时的指导思想。高校的风险控制办公室应及时对总体风险进行衡量，并承担最终的风险管理责任，风险管理的重大事项交由风险管理委员会负责判断和决策，各个院系要全力推动风险管理，引导教职工强化自我意识的风险管理。要充分调动教职工的积极性，引导创造积极向上、关注风险、认识风险、管理风险的良好风险管理文化。结合学校制度且融入风险管理文化之中。加强建设风险管理文化要与学校的薪酬体系、人事安排等制度相结合，增强各层级的风险意识，避免盲目扩张，追求短期效益。学校的重点岗位比如基建部门、项目管理部门要制定风险管理流程，还要结合学校制度和业务需要对各个风险控制点的员工建立培训制度，加强风险管理意识，从而培养风险管理人才，培育风险管理文化。学校要定期组织会议，加强道德法制教育，制定教职工道德诚信准则，建立人人讲道德重诚信的风险管理文化。对于不遵守国家法律法规及学校制度规定，徇私舞弊、弄虚作假等违法或违反道德诚信准则的行为，应该严肃查处。总是，风险控制是事后的解决方案，而风险的预防和提前的评估对减少风险损失更为重要的保障，高校应加大风险防范意识的教育，培养广大教职工风险防范意识，从日常工作中规范教职工的行为，将可能发生的财务风险控制在源头。

第六章　高校财务风险管理

第一节　财务风险管理理论综述

一、风险管理理论

风险管理已成为一门跨越自然科学和社会科学的边缘学科，是一种包含多门学科的综合经济管理。纵观风险管理的发展，我们可以发现风险管理派生于企业管理，其在工商企业界、金融界的地位相当重要，研究内容较丰富，理论体系和技术方法的研究与应用都处于领先地位。

20 世纪初对风险管理的研究强调风险的控制、风险的分散、风险的补偿、风险的转嫁、风险的预防和回避等。到 20 世纪 70 年代，风险管理被认为是应付风险的行为或实际做法，包括制订风险问题规划、评估风险、拟定风险处理备选方案、监控风险变化情况和记录风险管理情况。从系统和过程的角度，风险管理应是一种系统过程活动，涉及诸多因素，运用到许多系统工程的管理技术方法。

1.风险管理概念

从 20 世纪初，人们就开始进行风险管理，那时的风险管理强调风险的控制、风险的分散、风险的补偿、风险的转嫁、风险的预防和回避等。到

20 世纪 70 年代，风险管理才被人们全面接受。当时的风险管理被认为是应付风险的行为或实际做法，包括制订风险问题规划、评估风险、拟定风险处理备选方案、监控风险变化情况和记录风险管理情况。从系统和过程的角度，风险管理应是一种系统过程活动，涉及诸多因素，运用到许多系统工程的管理技术方法，从这个角度来说，风险管理被认为是，组织对活动可能遇到的风险进行规划、识别、估计、评价、应对、监控的过程，是以科学的管理方法实现最大安全保障的实践活动的总称。

风险管理可以被定义为研究风险发生规律和风险控制技术的一门新兴管理科学，各经济单位通过风险识别、风险估测、风险评价，并在此基础上优化组合各种风险管理技术，对风险实施有效的控制和妥善处理风险所致的后果，期望达到以最少的成本获得最大安全保障的目标。

2.风险管理的特征

风险管理具有以下特征：

（1）全面性。风险管理是项目管理的一个极其重要的手段和内容，目的就是要明确各相关风险要素之间的关系，把握可能导致风险的各个环节，让全体管理人员都树立风险意识，在实现目标的各阶段都周密考虑风险问题。

（2）目标性。风险管理的目标就是通过一系列辨识、估计、评价、应对的手段来降低项目的风险成本，把风险导致的各种不利后果减少到最低程度，在成本、时间、质量等目标上达到要求。

（3）前瞻性。风险管理的意义就在于在风险发生之前能够辨识风险因素，并制定策略来应对、监控，减小其损失和使其尽可能向有利方面转化，原则就是利用系统分析技术以达到前瞻性的评估结果。

（4）经济性。风险管理可较好地实现项目成本管理职能。通过风险分析可对意外费用进行大体上的估计，有助于增强项目成本预算的准确性、现实性，避免因费用超支而引发不安，有利于坚定信心。

（5）分析性。风险管理的基础就是调查研究，包括调查和收集资料，必要时进行试验、模拟。通过各种成熟的理论、方法来分析研究各种因素之间的相互关系、相互作用机理来识别风险。风险识别、风险估计、风险评价是风险分析阶段的重要内容，它为最后的风险规划、风险控制提供可靠的依据。

3.风险管理的职能

传统的观点认为，风险管理是企业六大管理功能之一。这种观点来自著名的法国管理理论学家亨利·法约尔（Henri·Fayol）。法约尔在其1949年所发表的著作《一般与工业革命》中认为，风险管理活动（也就是他书中所指的"安全活动"）是企业的基本活动之一。只不过，法约尔书中的"安全活动"所指的范围远比现在"风险管理活动"所指的范围要小。从风险管理发展的过程来看，企业在经济活动中出现风险和不确定性的动机，导致了风险管理的产生。

美国风险管理学家 Gleason，J.T.在其所著的《财务风险管理》一书中，强调了风险管理对企业这一组织的重要性并将风险管理内容概括为以下三个方面：①对企业所面临的所有风险做出准确和及时的测量；②建立一种过程用以分析企业总风险在生产经营业务范围内如何进行评估；③在企业内部建立专门负责风险管理的部门，以控制企业风险和处理企业风险发生所带来的损失。

风险管理，被西方风险理论定义为一种全面的管理职能，用以评价和处理组织的不确定性和风险的影响及原因。风险管理的目的，是对组织风险与不确定性进行主动积极地管理，从而使组织以最有效率、最富有成效的方式，实现其目标和使命。具体而言，指在组织的整个管理活动中，建立风险管理的相应机构和人员，并借助于风险管理计划和控制措施，通过对组织风险的识别、估测、评价和处理，以防范风险事件的发生，或在风险事件发生后，把风险事件的损失和影响降至最低程度，从而保护组织的生存和持续发展能力，以取得经济效益最大化的管理过程。

从国外对企业风险管理概念和职能的定义可以看出，风险管理同计划、组织、决策、控制职能一样，是组织管理活动中的一项交叉性、复合性的职能，并与管理的其他职能紧密相关，贯穿于管理活动的全过程，从而形成全方位的管理职能体系。从风险管理的作用来看，组织管理的实质可视为对风险的管理。风险管理是关系所有风险的，是一个全面的管理职能；而不是附属功能。因此，风险管理不仅不能被组织中的其他管理职能所代替，而且其作用和重要性要远远高于管理的任何其他一项职能。从某种意义上可以说，没有组织的风险管理，就没有组织的生存和可持续发展。因此，在现代管理理论和活动中，风险管理已经同战略管理、运营管理，共同构成现代经济组织的三个核心管理职能之一。

4.风险管理的原则

风险管理的目标就是以最小的成本避免和减少损失的发生，基于这一点，风险管理应该遵循以下几个原则：

（1）经济性原则。风险管理人员在进行风险管理时，应该以总成本最低为原则，以最经济、最合理的方案把控制风险所带来的费用降到最低。

否则，进行风险管理的费用与风险所产生的损失相当（或费用大于损失），风险管理也就失去了意义。这就要求我们必须对风险管理的各种效益和发生费用进行科学分析、严格计算。

（2）信息准确全面原则。外界信息是决策的基础，风险管理中非常规决策首要问题就是对决策结果出现概率的估计。概率值的估计越是准确，决策成功的把握也就越大。而概率的估计准确与否就在于对信息、情报的收集是否全面、准确、及时和适用。

（3）满意原则。因为风险的多变性和无形性，在风险管理中没有一个确定的指标，而应坚持满意原则，能够达到要求即可。

（4）社会性原则。风险管理计划和措施的制定必须要考虑与组织活动有关的周围环境因素，包括对其他组织和个人的影响。同时还要使风险管理的具体行为具有合法性和合理性。

（5）灵活性原则。要不断论证决策方案对风险情况的适应能力，而且决策目标和决策方案都要有所考虑，以应付可能发生的突发事件。

二、财务风险管理理论

1.财务风险管理理论研究现状

国际上从事财务风险管理相关的研究，可以追溯到 20 世纪 50 年代，美国三位著名经济学家马可威茨、威廉·夏普和米勒对财务风险管理的深入研究。这二位学者的理论一脉相承，他们在财务经济学上的重要贡献使他们得以共享 1990 年的诺贝尔经济学奖。早在 1952 年，马可威茨发表了关于理智投资行为的论文，该文奠定了现代金融资产理论的基本观点。他提出了证券投资组合的效率边界概念，即在相同风险下，效率边界上的组合收益最高；在相同收益下，效率边界的组合风险最小。他通过分析得出下面结论：某一证券组合中各证券价格运动相关性不完全正向时证券组合的收益离差要小于其中任一证券的收益离差。60 年代初威廉·夏普继承并发展了马可威茨的理论，这就是著名的资本资产定价模型（CAPM），他提出的这一理论结论是：一种股票的风险包括系统风险和非系统风险，通过多元化可以消除非系统风险，为了承担风险，投资者必须得到补偿，风险越大要求的收益率也越大，他提供了计算股票系统风险的方法和通过系统风险计算股票预期收益的模型——资本资产定价模型。米勒的贡献是在研究公司资本结构的策划上，1958 年他和莫迪格利离提出了 MM 理论，MM 理论严密验证了不同的资本结构下，公司资本成本保持不变，他们从资本成本的角度论证了由于财务杠杆收益与财务杠杆风险同步涨落，公司价值不受资本结构的影响。

我国财务风险的相关研究，是从 20 世纪 80 年代末和 20 世纪 90 年代初开始的，现在仍处于探索阶段。台湾和香港学者先后对财务风险管理进行了理论研究和实践应用，台湾学者宋明哲先生在 1984 年出版《风险管理》专著，香港保险总会于 1993 年出版了一本《风险管理》手册，阐述了财务风险的有关理论。大陆学者刘思录、汤谷良 1989 发表的"论财务风险管理"一文，第一次全面论述了财务风险的定义、特性及财务风险管理的步骤和方法。财政部的向德伟博士在 1994 年发表的"论财务风险"一文，全面细致地分析了财务风险产生的原因及存在的基础，他认为"财务风险是一种微观风险，是企业经营风险的集中体现"，明确指出了财务风险的重要性，为财务风险理论向更深一层推进奠定了基础。

2.财务风险评价理论研究现状

财务风险评价，指利用各种风险评价模型对财务风险进行综合分析，并据此对可能出现的财务风险的程度和后果进行排序，找出关键财务风险，突出例外管理原则的一个风险管理过程。财务风险评价一般分为定性分析评价法和定量分析评价法。具体的评价方法有：主观评分法，利用专家经验对各种可能存在的财务风险进行评分，再加权计算与基数比较评价；决策树法，利用树形结构图来计算财务风险出现的不同情况树枝，并逐一进行节点比较评价；层次分析法，通过构造影响财务风险的要素矩阵，按层次进行分析，将包括一些无法量化的财务风险依大小排列出来进行评价；多元模型分析法，利用数学多元线性回归模型来计算财务风险出现的可能性，通过对不同指标的功效加权来对可能出现的财务风险进行比较评价；模糊分析法，利用模糊数学的理论来进行财务风险评价。

彭家寅提出了财务评价权数结构的模糊层次分析，该分析方法是针对目前财务评价中忽视权数结构的倾向，提出来的模糊层次分析模式及其企业运作方法，有效地解决了现有方法中的重要性，顺序随意性，判断矩阵一致性，和评价运算复杂性的问题。张韬、智勇用灰色关联度模型对公司的财务综合评价作了研究，应用灰色关联度模型可以克服信息的不完全性和不确定性，能够较好地解释指标间的关系。于胜道、童利忠等人从所有者角度对企业财务业绩做综合评价分析，并拟建了综合计分模型。彭家生把我国著名学者邓聚龙教授于 80 年代初创立的灰色系统理论应用于企业的财务评价，为企业的财务评价提供了新方法。彭家生 2000 年在《财经科学》的论 DFAHP 财务评价模式一文中提出了特尔斐模糊层次分析法，该方法是在传统的层次分析法基础上，引进特尔斐（Delphi）方法和模糊数学（Fuzzy Mathematics）方法后，形成的一种新的财务评价模式，（Delphic Fuzzy Analytic Hierarchy Process 简称 DFAHP）。DFAHP 由紧密相供的三大部分组成：财务评价指示体系的层次结构、财务评价的特尔斐设计、财务评价的模糊层次分析。姜正富运用模糊变换理论建立起数学模型来对财务状况进行模糊综合评价，其评价效果具有科学性、准确性、合理性和有效性。刘令毛定祥在《因子分析方法在上市公司综合财务分析与评价中的应用》一文中，在构建上市公司财务评价指标体系和应用因子分析方法的基础上，给出了一种综合分析与评价上市公司财务状况和经营状况的新方法，即因子分析方法。

在高等学校财务风险评价方法的研究方面，杨周复、施建军等在《大学财务综合评价研究》一书中，对高校财务风险的评价理论及方法进行了定性的分析介绍，并采用功效系数评价法（主观赋权方法），根据教育部直属高校 1999 年和 2000 年的财务报表进行了综合的评价研究。其评价方法主观性很强，关于高校财务风险预警方面的研究也只是设计了财务预警指标体系，并没有做实证研究。许道银（2003）针对高校自身的特点，对高校建立财务危机预警系统做了简单的初步设想。吴冬梅（2002）参考了企业的财务评价指标，尝试建立了高校的财务评价体系。邹婷婷（2005）从"投入""产出"角度，提出了高校的财务评价指标体系，并给出了系统开发中的通信原理图和对象模型图，为分析和掌握高校财务资源配置，评价高校办学的投入产出比，检测高校财务风险，提供了有效途径。侯瑞山（2000）将沃尔评价法的原理运用到高校的财务评价中。滕春贤毕克新等（2000）在建立高等学校财务评价指标体系的基础上，应用层次分析法测算出各指标的权重，然后将属性综合评价系统首次应用于高等学校财务评价领域，取得了满意的效果。

第二节　高校财务风险管理现状及存在的问题

高校作为非营利性的事业单位，高校面临的财务风险不同于企业的财务风险，主要指高校在运营过程中因资金活动的不确定性带来的财务风险，包括财务管理不当风险、举债过重风险、筹资困难风险等。又因为高校办学地域、规模、所属类型等各方面因素的影响，使得不同高校可能面临的财务风险也有差异，因此，没有一概而论，而是以某省 A 高校为例，分析高校的财务管理现状。

某省 A 高校是该省政府设立的全日制普通高等学校，是吉林省省属综合性重点大学，在 2000 年经教育部批准，由三所学院和一所高等专科学校合并组建而成。截至 2016 年底，学校有三个校区，占地面积三百万平方米，建筑面积一百万平方米，教学科研仪器设备总值五亿元，馆藏图书四百多万册；设有 1 个医学部，23 个学院，1 个工程训练中心，49 个学术科研机构，有教职工三千人，各类全日制在校生三万人。作为地方高校的属性来讲，这样的办学规模和办学条件已属上乘，在地方政府比较重视的前提下，高校管理层也比较有作为，使得该高校至今还在努力发展中，在注重外延式扩建的同时开始关注内涵式的提升。

A 高校是在中国共产党 A 高校委员会领导下，由校长负责带领各级校领导主持学校各项事务工作，主要组织机构分为四个部分：党政管理部门、教学部门、科研部门和附属部门，其中，党政管理部门包括学校办公室、管理分部、机关等，学校办公室又包括党委办公室、校长办公室、纪委办公室等。由于本节写作目标是研究 A 高校的财务风险问题，所以主要关注 A 高校的财务管理组织机构。

A 高校目前实行的是"统一领导，集中管理"的财务管理模式，A 高校财务处在学校财经管理委员会的指示下专门分管 A 高校的财务管理工作，全权负责高校资金的预算管理、收支管理、资产和负债管理以及财务报告和财务监督，包括下属三个科室和一个结算中心在内共有财务人员 28 人，各机构按照上述基本职能要求安排相应人员，其中，财务人员的平均年龄是 39 岁，职称情况是高级会计师 1 人，中级会计师 2 人，初级会计 18 人。自 A 高校合并建校以来，尤其是 2010 年升级为该省属综合性重点大学，学校的财务管理工作就更加复杂，学校已经意识到财务管理的重要性，开始制定了相关的财务管理制度，比如《资金管理办法》《经济责任制管理办法》《教职工差旅费报销办法》《有关学院财务管理的规定》《经费的预算、使用、审批及报销的相关规定》等 19 个财务管理规章制度。其中，有关于财务风险管理各项相关工作内容的具体工作状况的实际表现及存在的问题主要归纳为以下四个方面。

一、筹资现状及存在的问题

1.基建经费过高

随着 A 高校十年来的不断扩招，A 高校的基建经费要远高于财政拨款，这些资金靠学费等基础性收入是无法实现的，就需要大量的银行贷款来支持，而事实上，A 高校现有的基础设施水平已经能够做到为在校生提供必需的学习和生活条件，更加优越舒适的环境是要建立在自身资金承受能力和还债能力基础上的，虽然是为了扩大办学规模以吸引更多更优质的人才培养对象，但却没有真正地做到高效使用资金，把学校建得再美也不会成为旅游景点为学校创收，也许国内少数大学确实做到了旅游景点的程度，比如北京大学和厦门大学就是典型，但那都是因为大学本身的社会影响力和有利的地域特色才使得高校有机会成为大家争先游览的名校。

2.负债过高

A 高校在建校十余年，抓住了国家对高等教育事业改革和大力支持以及国家信贷政策调整放松的契机，通过争取财政拨款和银行贷款进行了迅速的扩张，但 A 高校响应国家扩招政策的同时忽视了自身的偿债能力，无论是否有政府的保护，高校本身是具有法人资格能够独立承担民事责任的主体，就要知道高额贷款要付出的代价，如果不考虑到自身的偿债能力，只顾争取到资金进行扩建扩招，当债务出现危机无法解决的时候，政府也没有进行全额债务补贴的情况下，很可能因为没有偿本付息的能力而致使高校出现生存危机。

3.筹资渠道单一

A 高校是该省属综合性重点大学，作为地方高校获得的国家财政支持远低于部署高校，而且，地方政府对地方高校的财政拨款到位比例很低，尤其是该省这样经济欠发达的地区，本身财政收入就很低，对高校的财政拨款就更少。但是，自建校十余年来，除了财政拨款和银行贷款，几乎没有其他的收入来源，尽管尝试着与企业合作建立校办产业却经营不善，大型社会捐赠也仅有一次，2010 年校友会上一荣归母校的校友在建校十周年之际，为母校捐赠 1 亿元，这些都明显表示了事实上 A 高校筹资渠道的单一性。高校在意识到筹款能力不足的情况下，还只是被动地接受政府和社会各界关心人士的主动帮助，而不是从自身的角度进行积极主动的争取，一味地寻求银行贷款只会给高校带来更多的财务危机。

二、预算管理现状及存在的问题

1.预算编制方法不合理

A 高校的财务预算编制方法一直是增量预算法。增量预算法不需要进行过多的更改，只是在原有的内容上适当的增加或减少，但这是有前提限制的，首先要保证原来的预算内容基本合理，同时要确定学校的各项费用支出没有重大发生变化。比如，行政部门某年不必要的日常支出过多，如果再继续就是浪费；科研部门每年的项目不一样，需要的经费也不确定；甚至有些部门担心经费不够用，随意夸大支出等等。而且，A 高校近年来一直在不断地扩张，各项费用支出的类型和多少都在随之发生很大变化，增量预算法使得预算编制几乎形同虚设，这样就极大地提高了财务风险。

2.预算管理执行力不足

A 高校的各项预算基本上就是找领导审批，领导签字了，财务部门就拨款，到底这项资金是预算内的资金还是预算外的资金，划款后是否用到申请的项目上都没有人监督管理，这也使得预算管理形同虚设。没有相应的部门或者人员进行监管并跟踪执行，让 A 高校的预算资金多次出现随意调整和挪用，严重削弱了预算职能，使预算成为一纸空谈，更容易滋生腐败。预算管理的执行力不足其实要比预算编制方法不合理的问题更严重，没有强有力的严格执行，即便是有绝对合理的预算编制方案也没有任何意义，预算存在的价值就是要控制资金的使用情况，若不能够严格执行，就等于没有预算，A 高校的预算管理虽然没有严重到完全形同虚设，但是在很多方面都明显体现出预算约束力严重不足，这给财务风险的发生提供了极大地可能空间。

三、固定资产管理现状及存在的问题

1.固定资产信息不对称，核算不实

实际上，A 高校的固定资产管理工作没有设置单独的管理部门，而是划归为财务处统一管理，但并不是财务处对各部门的固定资产进行清查、折旧或报废等，基本上是各个部门将固定资产相关信息独立上报至财务处统一记录。各个部门的固定资产数量、损耗等都是不能共享的，不同部门对固定资产的掌握都是不一样的，这样造成了严重的信息不对称。另外一方面的信息不对称则是财务处对上报的资料不查实，掌握到的信息与各部门的实际信息是不对称的，给了各部门瞒报或多报固定资产数额的机会。固定资产的核算不实将直接影响到资产持有量的计算，很容易使得高校在资产使用过程中出现紧缺等危及高校正常运作的风险。

2.固定资产重置浪费现象严重

因为固定资产信息不对称又核算不实，再加上 A 高校是由三所学院和一所高等专科学校合并组建而成，疏于对学校已有的仪器设备、馆藏图书等的清查统计，就更容易产生固定资产重置浪费的现象，在为了满足师生需求、科研需求，甚至是为了迎合评估的需要，学校不得不一次次购进新的设备仪器、图书等的时候，由于缺乏统筹管理，而造成新购进的一部分要与原有的重复，造成学校资金的极度浪费，比如，高校在 2007 年新建成一座中心图书馆，在购置馆藏图书的时候就没能考虑到已有书籍的记录查实，老图书馆的馆藏书有一大部分都搬入了新图书馆，而新馆又购进了一大批的全新书，有相当一部分出现重置，而且还有很大程度的浪费没有考虑到，因为馆藏书不只是购进新书一种方式，有很大一部分是可以通过进行师生以及社会爱心人士捐赠来获得的。

3.固定资产管理混乱

A高校的固定资产管理工作由于没有专门设置的部门负责，虽然归为财务处统计，却也只是各部门自行上报，没有标准化的制度可依，管理工作非常混乱。A高校在进行固定资产管理的初期，因为国家政策规定和该省政府相关部门对高校固定资产的年检日益严格，学校按要求制定了《A高校固定资产管理办法》，每年终必须进行一次清理上报工作，但由于前几年资金充足，学校并未重视固定资产管理，直到近几年的办学经费越来越吃紧，学校才逐渐意识到固定资产管理工作的必要性，努力更改一直以来的混乱状态，但很多问题是积久成疾的，固定资产管理在任何一家大型的企事业单位都是一件很令人头疼的顽疾，清查、折旧和翻新等很多的问题都难以记录和掌握，再加上A高校建校差不多十年都未能重视到固定资产的管理，又是一所合并的高校，原本就积压了很顽固的固定资产管理问题，使得在这几年的固定资产管理工作不断地出现各种问题，给管理人员造成了极大地困难，也给高校财务风险带来了极大地隐患。

四、校办产业管理现状及存在的问题

由于A高校是某省属重点综合性大学，财政拨款主要来源于教育部划拨和该省政府补贴，教育部对此类院校拨款数额较低，再因为该省在我国属于欠发达地区，本身拥有的资金能力就十分有限，即使有心大力扶持A

高校的扩招发展，也是心有余而力不足，所以 A 高校近几年来一直在努力争取校企合作的机会，希望通过人力资源和科研实力与更多更好的企事业单位合作创收，也寄希望于校办产业的收入，但校办产业却存在许多产权不明和管理不善等问题，比如以技术成果入股，却没有进行准确的计量，并且无形资产也没有办理合理的入账手续；甚至对高校作为最大股东的企业还会无偿支付与提供生产经营场所、固定资产设备和员工工资等。这些现象都会造成校办产业产权不清、投入的资金资产状况不明、资产账实不符等，使得校办产业一直没能创造出 A 高校所期望的收益水平，而且负有连带责任的 A 高校还要承担投资份额内的那一部分校办产业财务风险。

实际上，A 高校的校办产业因为一直没有能够结合当地经济形势和自身优势力量的相关经验借鉴，而始终处于摸着石头过河的状态中，不断地出现问题，不断地解决问题，但是由于高校的整体建设方面尚在提升的过程中，对校办产业的管理精力就显得有些不足，再由于校办产业毕竟是属于企业的性质，和高校的管理模式有很大的区别，高校的管理者也不适合全权掌握校办产业的日常运作，尽管也聘请了企业出身的高管人才，却由于高校是出资人这一身份，不得不让企业管理人才碍于高校的社会服务性质，而不知如何把握企业的利益最大化原则，许多因素结合在一起形成了校办产业管理不善的诸多问题，没能为高校创造预期的经济收益，也就不能为高校解决资金严重不足的问题，进而没能减少高校财务风险的危机，甚至因为管理不善而出现了更多的财务风险。

第三节　高校财务内部控制与财务风险管理现状剖析

随着社会主义市场经济改革的不断深化和科教兴国战略的实施，高校已由过去单一靠国家财政拨款逐步转向多元化、多渠道、多家共建等筹集教育经费办学的新机制。由于近些年来高校由"精英教育"向"大众教育"转型，高校纷纷扩大规模，为了解决高校投入不足与扩大规模的矛盾，高校大量采用信贷资金，然而信贷资金就像一把"双刃剑"，在改善高校办学条件、满足师生基本需求的同时，支付巨额本金又使高校面临严峻的财务风险。

原复旦大学校长、现英国诺丁汉大学校长杨福家说："当很多贫困学生接到入学通知书，却因付不起学费而无法去报到时，我们有什么理由超大规模地扩建校园，建造豪华的标志性大楼？"他的困惑引起了重视，教育部对部属高校的发展和建设投入情况予以了调查，调查结果显示，目前少数高校的财务管理有失控现象，如果高校对财务的管理跟不上，就很容易把高校教育在这两年来的增长度抵消掉。

一、筹资风险

"大学经费的不足，导致公立高校贷款的情况十分普遍，目前中国还没有公布这方面的数据。""我收集了部分省、市和高校贷款的数据，发现有的高校竟然能够贷到 10 多个亿甚至 20 个亿出来。"

从 1999 年开始，银行与高校的合作开展成为一种风潮。"开发和建设大学城所需的资金额绝非一个小数目，都是上亿、几十亿、甚至百亿。"程方平研究员介绍说："如廊坊东方大学城投资达 50 亿，宁波市高教园区投资 32 亿，南京市江宁大学城远期投资 40 多亿，仙林大学城投入 50 亿，广州大学城投资高达 120 亿元，这些资金主要是靠银行贷款。"

东南沿海有一所高校，伴随着还贷高峰的到来，由于贷款额度太高，已没有还贷能力，在地方政府的调解下，以"置换"的方式，转到另外一所大学门下，改换了门庭。

内地的大学城项目已经被排在"钢材、水泥、电解铝"之后，成为又一个高风险贷款项目。

由于国家教育投资增长缓慢，高校建设的巨大资金缺口主要靠银行贷款来填补，即所谓举债兴教。"扩招后，某高校举债搞基建，一年贷款利息要 1 亿元！"这似乎有些骇人听闻，但的确是一些高校不得不面对的现实。

全国政协常委、河南省政协副主席张涛在接受记者采访时举例说，某大学新校区自 2001 年动工建设至今，政府批准的 2 亿多元计划拨款实际到账 1 亿多元，尚不足缴纳土地使用金。而由于各种建筑材料价格的飞涨，新校区建设投资早已远远超过原计划，已完成的一、二期建设工程投资近 13 亿元。目前该校资产负债率已达到 60%以上，如果三期工程全部完工，负债率将超过 70%。"这个负债率在以营利为目的的工商业企业都已进入了财务高风险区域呀！何况是教育行业！"他说，按国家银行贷款利率大致估算，2002 年和 2003 年该校每年还银行的贷款利息约 6 000 万元，2004年的贷款年利息高达 1 亿元。

《2006 年：中国社会形势分析与预测》蓝皮书称，目前高校向银行贷款总量约在 1 500 亿至 2 000 亿元之间，有的高校贷款已高达 10 亿至 20 亿元，由于贷款额度太高，随着还贷高峰的到来，部分高校已没有偿还能力，造成了新的金融信贷风险和高校财务风险。

筹资风险是高校面临的各类风险中最主要的风险。由以上资料可见，高校的筹资风险已经迫在眉睫，过度举债、偿债期限安排不合理、举债历史和举债规模的超标而导致的无法再筹资和到期无力偿还的风险已经紧紧逼近了我们的高校，成为亟待解决的难题。

二、投资风险

南京某学院将 2 880 万元存入华诚财务公司、南阳金融租赁公司等 4 家非银行金融机构，绝大部分已于 1995 年到期。但至今未能收回本息。目前这 4 家非银行金融机构均已停业清算，2 880 万元的巨额存款能否收回很难预料。

少数高校仍不改"大手大脚"的毛病，敢于"花明天的钱"建天价校门，简直是在拿学校的未来和师生的前途命运开玩笑。

自主权力的获得与强化，使得高校的投资风险也逐渐显山露水。对内投资缺乏科学性，盲目立项、快速上马，难以避免投资的失败，这种问题已经越来越多，还有就是资金的投向非常不合理，像许多高校在师资力量还不够强的情况下就敢于建天价校门之类的事件屡见不鲜。所举之例，不过沧海一粟。对外投资的问题也有很多，投资失败导致的财务危机使得高校喘息困难。如何科学规划、合理投资，规避投资带来的风险，着实是高校面临的一个巨大难题。

三、其他原因引致的财务风险

有的学校领导或财务部门负责人违反管理规定调度资金。而制度又无法制约，给犯罪分子留下可乘之机。武汉某高校原财务处长未经任何人批准，调用数百万元炒股票、办企业、到境外赌博而学校竟无人察觉，给学校造成近千万元的损失；安徽某高校财务处资金结算中心主任私自取走学校巨额资金，直至外逃后才被发现。管理类风险大都是由于高校内部的制度不够健全，导致违规人员有机可乘，随着各类犯罪事件的升温。人们对这类事件引发的财务风险也愈加关注。如何建立健全内部控制制度，规避此类风险，也是管理人员一直在努力解决的问题。

由上述资料可以看出。筹资风险、投资风险和管理类风险已经无声无息地接近我们的高校，高校财务的安全运行正面临着前所未有的挑战，如何抓住发展机遇，提升高校核心竞争力，规避财务风险，迫切需要提上高校发展日程。

第四节　高校内部控制与财务风险管理

一、内部控制的基本概念和理论基础

1.内部控制的概念

内部控制目前并没有统一的概念，国内外专家有几十种不同的说法，归纳起来他们主要从内部控制范围、内部控制手段、内部控制目的三个不同的方面去定义。

从内部控制的范围看，主要有"部分控制论"和"全部控制论"两大观点。"部分控制论"观点认为内部控制只包括与处理经济业务有关的内部会计控制，只与资产管理有关，与行政、业务管理无关。"全部控制论"观点认为内部控制应当包括全部管理控制，涉及经营的各个方面和管理的全过程。

从内部控制的手段看，主要有"牵制论"和"组织方法论"两种观点。"牵制论"观点认为内部控制仅包括相互联系、相互制约的"管理制度"或"责任分工制度"。"组织方法论"观点则认为内部控制不仅包括牵制制度，而且包括组织、方法、手续等其他手段。

从内部控制的目的看，主要有"三目的论"和"四目的论"两种观点。"三目的论"观点认为内部控制是为了保护单位的财产安全、保证会计记录的准确可靠和及时提供可靠的财务信息。"四目的论"观点认为内部控制除了保护单位资产安全和保证财务信息准确可靠之外，更重要的是为了贯彻执行既定的管理政策以达到系统的目标，同时还为了提高经营效率和经济效果。

随着内部控制理论和实践的发展，人们从最初普遍认可"部分控制论""牵制论"和"三目的论"的观点，转而逐步接受了"全部控制论""组织方法论"和"四目的论"。国内外关于内部控制的概念主要有：

美国职业会计师协会的审计程序委员会（AICPA）在 1949 年的《内部控制：系统协调的要素及其对管理部门和独立公共会计师的重要性》特别报告中，首次正式提出了内部控制的定义：内部控制包括一个企业内部为保护资产，审计会计数据的正确性和可靠性，提高经营效率，坚持既定管理方针而采取的组织计划及各种协调方法和措施。

该委员会 1998 年在第 55 号《审计准则公告》（SAS55）中又将内部控制定义为：为了对实现特定公司目标提供合理保证，而建立的一系列政策和程序。

《世界最高审计机关组织内部控制准则》中则规定：内部控制系为达成管理目标，提供合理保证的工具。内部控制包括组织计划以及为达成合理组织任务，保护资源，遵守法律、规章及各项管理作业规定，提供值得信赖的财务及管理资料而采取的管理态度、方法、程序及评最措施。

1992 年 9 月美国注册会计师协会与美国会计学会、财务执行官协会共同组成的资助组织委员会（Committee of Sponsoring Organization of the Treadeway Commission）发布的 COSO 报告中将内部控制定义为：内部控制是由企业董事会、管理层以及其他员工为达到财务报告的可靠性、经营活动的效率和效果、相关法律法规的遵循等三个目标而提供合理保障的过程。

1995 年的加拿大 COCO 报告中认为：内部控制系指为支援组织成员达成营运的效果效率，内部与外部报道的可信赖程度，遵循相关法规以及内部政策办法等目标，而由组织资源、系统、过程、文化、结构与作业等元素组成。

我国 1997 年实施的第 9 号《独立审计准则》中指出：内部控制是企业为了保证业务活动的有效进行，保证资产的安全和完整，防止、发现、纠正错误与舞弊，保证会计资料的真实、合法、完整而制定和实施的政策与程序，由环境、会计系统和控制程序构成。

2001 年财政部发布的《内部会计控制规范（试行）》中指出：本规范所称内部会计控制指单位为了提高会计信息质量，保护资产安全、完整，确保有关法律法规和规章制度的贯彻执行等而制定和实施的一系列控制方法、措施和程序。

中国证监会 2001 年发布的《证券公司内部控制指引》中指出：公司内部控制包括内部控制机制和内部控制制度两个方面。内部控制机制指公司的内部组织结构及其相互之间的运行制约关系；内部控制制度指公司为防范金融风险，保护资产的安全与完整，促进各项经营活动的有效实施而制订的各种业务操作程序、管理方法与控制措施的总称。

目前在国际上认可度比较高的是 COSO 报告中的定义，在我国则是财政部 2006 年最新发布的企业内部控制基本规范中的定义：内部控制，是由企业董事会、监事会、经理层和全体员工实施的、旨在实现控制目标的过程。

2.内部控制的理论基础

内部控制有着科学的理论依据，主要是控制论和系统工程论。

（1）控制论，特别是经济控制论的理论基础上建立起来的，并且依据控制论的基本方式运行。

控制论是关于在复杂的动力系统中控制的科学。它是研究技术装置、生物机体和人类社会组织等系统之中的控制和通信的一般规律。控制论是现代科学技术的一个新的边缘学科。它是自动控制、电子技术、无线电通信、神经生理学、生物学、心理学、数理逻辑、计算机技术、统计力学等多种学科相互渗透的产物。1948 年美国数学家维纳（Norpert Wiener）发表的《控制论》一书，奠定了这门新兴学科的理论基础。他把控制论定义为"关于在动物和机器中控制和通信的科学"。机器的自动控制或动物在自然界的活动，都可以看成是其各组成部分间信息的传递过程。控制论撇开对象的物质和能量的具体形态，撇开过程的物质或能量交换的方面，仅从生物机体和技术装置中控制的功能类比方面，研究对象和过程的各组成部分间信息的传递过程。在控制论中。信息概念是一个基本的概念。控制论是建立在信息论基础之上的。信息论的反馈原理，在控制论中占有很重要的地位，几乎一切控制都包含反馈系统输送出去的信息，作用于被控对象后产生的结果，再愉送回来，并对信息的再输出发生影响。20 世纪 50 年代后，控制论向自然科学和社会科学的各个领域渗透，广泛地应用于心理学、管理科学、领导科学等学科。

经济控制论是应用现代控制理论和方法来研究经济系统的演变规律和最优控制的学科，是控制论的一个重要分支，其内容包括经济系统的建模、仿真、辨识、估计以至最优控制或次优控制等。经济控制论强调用整体的、动态的、相互联系和协调发展的观点来研究经济系统。既适用于宏观经济系统，也适用于微观经济系统。

经济控制论的研究内容主要包括 4 个方面：①经济控制系统的结构理论；②宏观经济系统的控制和调节；③微观经济系统的控制和协调；④经济大系统的递阶控制和分散控制。

用经济控制论的方法来研究微观经济的控制和协调，对于组织微观经济、促进企业发展、加速现代化管理等，具有重要的推动作用。内部控制正是以控制论和经济控制论的科学方法，分析研究每个具体组织内部经营管理过程，研究每个单位如何发挥管理功能，如何对管理过程进行有效的调节和控制。

（2）系统工程的思想贯穿在内部控制理论体系中。按照系统工程的思想，在对一个比较复杂的事物进行研究时，要将其作为一个整体或系统，对它各个组成部分（或要素）要纳入总体中去分析和考虑，要重视要素之间的相互关系和组织结构，要运用科学的方法设计和调整系统的结构，以提高系统的功能。由此可见，系统工程论是内部控制的重要理论基础。

所谓系统，是由相互联系、相互作用的许多要素结合而形成的具有特定功能的统一体。对于系统来讲，整体与构成系统的部分是相对而言的，整体中某些部分可以被看成是该系统的子系统，而整个系统又可成为一个更大系统的子系统或一个组成部分。系统具有以下属性：集合性，即系统由许多相互区别的要素组成；相关性，系统的要素与要素、要素与系统、系统与环境之间都存在着联系；层次性，每一个大系统中都包含着许多层次；整体性，系统是作为一个整体出现的；涌现性，系统的各个组成部分组成一个整体后，就会产生各部分原来没有的某些功能或要素，这就是系统作为整体的涌现性；目的性，系统都具有特定的目的性；对于环境的适应性，系统与环境之间具有物质的、能量的和信息的交换。

系统工程是为了更好地达到系统目标而对系统构成要素、组织结构、信息流动和控制机制等进行分析和设计的技术。系统工程的任务就是提高系统的功能。系统工程以系统为研究对象，要求全面地、综合地考虑问题，研究系统的目标是实现系统总体效果最优，同时实现这一目标的方法和途径也达到最优。

3.内部控制的特征和功能

内部控制包含的内容十分丰富，但是概括起来讲，主要包括控制目标和控制手段两大基本内容。控制目标指单位通过内部控制所要达到的目的；控制手段指为了达到内部控制的目标所采取的组织各种规划手段和相应措施。与一般的管理工作相比，内部控制有其独有的特征和功能。

（1）内部控制的特征

①全面性。内部控制是对单位一切业务活动的全面考核和控制；

②经常性。内部控制不是阶段性或突击性工作，而是贯穿于单位的整个工作过程和日常管理之中的工作；

③潜在性。内部控制并不是独立于一般管理工作之外的专门工作，而是隐藏和触汇在一切业务之中；

④关联性。单位的各项控制活动彼此都是相关联的，是相互影响的。

（2）内部控制的功能

①调节功能。内部控制的根本目的就是要控制单位的既定目标实现，而在目标实现的过程中，由于各种因素的影响总会有偏离目标的情况出现，因此，要通过内部控制不断地平衡偏差，或者排除干扰、补偿干扰，以保证目标的实现，这就是内部控制的调节功能。

②反馈功能。反馈是控制论中的重要概念，是控制者与控制系统之间的连接。为了保证目标的实现，要将管理目标的执行情况、差异存在情况、应采取的措施等及时准确地报告给有关管理者。因此说，内部控制具有反馈功能。

③防护功能。单位为了实现其目标，需要制订总体计划（或长期计划）、年度计划和作业计划，这是内部控制的依据。各类计划在实施前，要根据过去的计划执行情况资料，对计划的科学性进行分析和鉴定，使计划更加正确可靠，更有利于制约管理过程中的各种消极因素。这就是内部控制的防护功能。

二、内部控制与财务风险管理的关系

从单位财务管理工作的各个环节分析，财务风险产生的根本原因与单位内部控制极其薄弱有关。因此，通过完善企业内部控制制度来降低财务风险就成为企业控制财务风险的有效途径之一。内部控制是管理现代化的必然产物。是单位内部强化管理以及适应外部激烈竞争的需要。

根据美国COSO（美国反欺诈性财务报告委员会）报告，内部控制是一个过程，受企业董事会、管理层和其他员工的影响。旨在保证财务报告的可靠性、经营的效果和效率以及对现行法规的遵循。1994年，美国COSO委员会在其《内部控制——整体框架》中将内部控制的要素规定为控制环境、风险评估、控制活动、信息沟通和监督五个要素。从这五个要素的具体内容来看，很明确的是：内控制度就是对企业战略目标实现的过程中存在的风险予以管理的相关制度安排。

内部控制和财务管理的关系可以简要地归结为以下三点：

首先，内部控制与财务管理的目标是一致的。对于一个单位来说，它的财务管理目标在一定程度上都是通过实现利润最大化而实现的。某企业如果同其他企业相比具有较强的盈利能力，那么我们就认为该企业具有有效的监控措施，为保证经营活动的效率和效果创造了良好的条件。

其次，科学的财务决策，必须依靠科学的内控制度。这一点可以从两方面来说：一方面，科学的内控制度是科学的财务决策的保障。在内控制度中将决策的方式、步骤、组织、工作人员任务分配等明确做一规定，可以避免决策的盲目性，减少决策失误，降低风险。另一方面，若内控规定的分工足够明确，可以避免相互推卸责任的现象出现。保证各个管理项目的规范进行。

再次，健全的财务控制是防范财务风险的保证。一个单位管理的实质是对其自身进行风险管理，而企业风险管理的核心是财务风险管理。财务风险的重点是对可能出现的财务风险和财务危机进行超前的控制和管理，而健全的财务控制正是防范财务风险的保证。

三、完善高校内部控制制度的必要性

内部控制是社会经济发展到一定阶段的产物，是现代管理的重要手段。正所谓：得控则强，失控则弱，无控则乱。随着社会主义市场体制的建立，高校已开始从政府机关的附属机构向自主办学的法人实体转化。同时已经脱离了单靠国家财政拨款的办学状况，步入了多渠道筹资的办学模式，例如，适度负债、后勤社会化等，使得高校成为一个庞大而复杂的系统，有大量频繁的资金活动、独立完整的会计体系、纵横交错的财务体系且独立核算。而目前，我国高校内部控制很薄弱，它势必直接影响到高校教学和科研成果，并且如果对资金管理不善，会危及高校财务安全。因此，高校内部控制的建立受到了高校领导的重视，对有效消除高校内部经济活动中的违纪现象，都具有十分重要的意义。

1.法律法规要求必须加强高校的内部控制

法律法规要求必须加强对高校的内部控制，这主要表现在：

（1）《会计法》第二十七条规定："各单位应当建立健全本单位内部会计监督制度。单位内部会计监督制度应当符合下列要求：一是记账人员与经济业务事项和会计事项的审批人员、经办人员、财务保管人员的职责、权限应当明确，并相互分离、相互制约。二是重大对外投资、资产处置、资金调度和其他重要经济业务事项的决策和执行的相互监督、相互制约程度应当明确。三是财务清查的范围、期限和组织程序应当明确。四是对会计资料定期进行内部审计的办法和程序应当明确。"高等学校显然属于"各单位"的范畴，是《会计法》的调整对象。

（2）《高等教育法》第六十五条规定："高等学校应当依法建立健全财务管理制度，合理使用、严格管理教育经费，提高教育投资效益。""高等学校的财务活动应当依法接受监督。"

（3）《高等学校财务制度》第四十七条规定："高等学校必须建立严密的内部监督制度。"

（4）《关于高等学校建立经济责任制加强财务管理的几点意见》（教育部、财政部[2002]14号）中，更是明确指出高等学校"必须逐步建立健全各级经济责任""必须结合校内管理体制改革建立科学的运行机制和有效的内部控制制度。"

2.加强高校内部控制对管理高校财务风险有重要作用

高校办学形式的变化和业务特点决定了内部控制的重要性，这主要表现在：

（1）办学模式发生了较大变化，由以前的财政拨款办学改为以拨款和多渠道自筹资金的办学模式。办学规模的扩大，国家财政拨款增加，基建项目相应增多，这就意味着可能为相关人员提供了腐败的条件。因此，加强各部门收入监控，避免贪污、挪用公款和私立"小钱柜"。

（2）随着高校后勤社会化改革的不断深入，大多数高校将后勤实体由目前收取服务费过渡到完全社会化。为了配合高校后勤改革，提高资金使用效率，不至于乱投资，内部控制必须发挥本身职能。

（3）高等学校是重要的科研基地，承担了大量的科技攻关项目，国家和企业加大了科技投入，科研经费大量涌入高校。为了真正体现科研经费价值，也应当增大内部控制的责任。

（4）由于高校不断扩大招生规模，学校的基本建设不断扩大投入。由于涉及资金数量较大，环节多、工期长，所以，加强建设项目的跟踪监控（其中包括内部控制制度审计、合同审计、项目变更审计和建设资金审计等）、加强内部控制审计队伍建设、健全内部审计制度显得更为重要。

（5）资金管理、办公用品管理、教材管理、体育器材管理构成了内部控制的重要内容。由于办公用品等在高校资金中占有较多，金额较大。所以从采购验收、保管和领用都应有一套相对科学、完整、严格的管理制度。

第五节　高校财务风险的管理

高校应该加大对财务制度的探讨研究，加强管理，以期控制财务风险。可以从债务化解、风险管理和绩效评价三个方面对高校财务风险实施管理控制。

一、实行有效的债务化解机制

就目前高校现状来看，已成型的财务风险主要是高校与银行之间的债务风险，其他的风险虽然存在，但不能作为决定性的风险，只是在债务风险发生时起到催化作用，产生更大的破坏性。一旦风险产生，我们就必须要进行操作性控制，也就是风险化解。依据风险管理理论，风险的化解只有两种途径，即风险自担与风险转移。

1.风险自担

风险自担就是利用高校的办学盈余进行债务偿还。高校必须做好自己的教育教学本职工作，提高办学质量，满足利益相关者的利益诉求，以本质事业的发展来获得经济支持，从而解决债务问题。

首先，要做好学校的发展规划，以达到防范和降低风险的目的。根据《国家中长期教育发展和改革规划纲要（2010—2020 年）》的要求，合理制订学校的发展规划，并制订一个学校长期的债务偿还计划，确保在不影响学校正常工作的前提下，逐年消减债务。

其次，提高办学质量，增强学校融资能力。高校的本职是教育教学，提高了教学质量和社会满意度，才能获得更高的地位和待遇，才能得到社会更广泛地认可，从而获得更多地教育资源，形成良性循环。同时在做好本职的教育教学工作同时，加强学校和银行金融业的合作，优化整合各项债务。并通过对贷款的资金结构进行优化，来达到降低贷款的成本和减少高校财务风险的目的。以 M 高校为例，其贷款合作行一共有 7 家银行，每年各家银行的还贷时间不同，还贷金额利率不同，造成了 M 高校财务极大的不便，每年做预算时都要方方面面考虑周全，事先做好不同时间、不同金额的还贷资金准备。2010 年，M 高校与 7 家贷款行进行了长时间的磋商，将 7 家贷款行的还贷、借贷工作统一交付给一家银行完成，由这家银行测算出 M 高校每年需还贷和借贷资金的总额，统一贷款利率并给予一定的优惠、制订统一的还款时间。在规定的还款时间将还贷总额支付给牵头行，再由牵头行将此笔还款按合同比例分给其他贷款行。这是一种对贷款结构优化的"一揽子"借款及还贷方式，在众多的贷款银行中选择资信较高的一家银行作为主贷方，其主贷方下可集结多家次贷银行，高校方与主贷行缔结贷款合约，规定统一的借款计划及利率。在还款时，高校只需按合约支付主贷行规定的款额即可。而主贷行则按次贷行的贷款资金比例进行二次分配，这样的操作在很大程度上降低了高校财务还贷混乱的局面，避免因为资金周转困难或准备不足而出现延期还款的损失，减少了资金链断裂的风险。

最后是严格制度、加强监管，确保各项工作健康运转。严格制订高校的各项财务制度，主要包括审批管理、报销管理、监督和审计制度等。对支出管理要坚持财务公开，在高校内部积极推行集中采购和公开招标制度。

2.风险转移

如果高校的负债不能以自担的方式解决，就需要采用风险转移的方法。风险转移就指通过合同或者非合同的方式，将风险转嫁给他人的一种处理方式。对高校来说就是把高校的债务风险转移到利益相关者的身上，实行风险利益相关者共担的目的。

（1）政府主导债务风险转移

①政府可通过贴息的方式，将部分商业银行贷款转化为中国开发银行贷款，减少高校债务的交易成本。如果政府能通过国家开发行将高校贷款

转成低息或无息贷款，高校将原应支付给商业银行的利息改为支付给国开行的贷款本金，甚至可以考虑从每年下拨的预算财政资金中在不影响高校正常运转的前提下按一定比例逐步抵扣，高校的债务负担将大大减轻。辽宁和湖北两省已采取将各自 73 亿和 81 亿高校贷款打包置换成国发行的长期贷款，这个举措减轻了高校压力的同时也减轻了国家政府的压力。

②灵活机制，鼓励公益捐赠解决高校债务。社会慈善公益捐赠是有别于政府调节之外的一种社会调节方式，它有利于弥补政府调节不足，对缓解社会矛盾作用很大。欧美高校的捐赠机制已经相当成熟，每年的社会捐赠达到了高校年总收入的 10%左右。通过公益捐赠形式解决高校经费在国外已经是一种常态，我国发展公益性捐赠的目的不在于当下的高校债务，而在于为以后的高等教育发展开拓一条重要的长期筹资渠道。以 M 高校为例，其教育发展基金会 2012 全年接受社会捐赠 6 000 万左右。当年支持 IUVI 高校实验设备升级改造等学校建设工作就达到 4 100 万左右，并同时设立高校贫困生困难补助基金，用以对贫困生的生活资助。

③专项拨款，缓解高校债务困境。政府划拨专项经费来解决高校债务问题是最为简单也是最为直接的方法。2008 年"两会"期间，中央纪委驻教育部纪检组长表示，"国家应为高校的债务问题负责"。同时教育部副部长也表示："高校债务问题需要发改委、财政部、教育部以及各地方政府合力解决"，随后江苏省政府开始着手本省的债务化解方案，确定了"三三制"的方法：政府承担 30%～40%，通过资金运作再筹集 30%-40%，余下部分高校自己承担。就 M 高校的 2012 年度的还贷状况来看，其中就有省财政高校化债补助经费承担的 8 000 万元债务。

④搭建平台，吸引社会资金投资高校。从目前我国高校发展状况来看，这不仅是解决当前债务问题的手段，也是为以后高等教育的发展开辟的一条新的融资道路。一方面，可以利用社会资金兴办民办高校，缓解公立大学扩大规模的压力，增加办学收入。另一方面，是利用社会资金与公立高校合作办学。包括高校技术转让，产品开发合作等方式，充分利用社会资金创造收入。

⑤调整政策，盘活存量资本解决高校债务。我国高校在迁地扩招的过程中，一些零散的小校区被闲置或者没有很好地利用。在盘活这些资产的过程中涉及国家政策调整的问题，因为学校土地属教育用地，要进行商业开发需要变更土地性质。在国家没有足够财力来解决高校债务的情况下，可以考虑适当调整和放宽政策，让高校盘活存量资本用以解决高校债务。

（2）引导债权人适度让利或适当引入市场竞争机制以转移债务风险

引导银行适度让利，引入多家银行的竞争机制。在更为有利的市场竞争机制下，借鉴招投标的方式，选择更加适合的贷款银行。同时充分的采用银校互惠合作模式，借建立数字化校园系统的契机，寻求可互利长期合作的银行，本着互利互惠的原则，让银行方获得其他方面的利益，同时也可减小高校方的贷款成本，降低财务风险。

二、监督防范和控制管理

1.建立及加强财务风险意识

高校控制财务风险首先要做的就是树立和加强财务风险的意识，尤其是高校的领导层对自己学校风险的正确认识。首先要建立和提高风险防范的意识，对自身的财务风险实行即时全方位的监测和管理，及时发现财务风险发生的各种征兆，并采取相应的风险防范措施，从而在风险产生初期进行有效的管控。其次，财务人员是管理者也是监督者，必须要不断地掌握和学习财务风险的管理知识和方法，树立财务风险的意识，并通过提高自身的业务水平、能力和素质来提高对财务风险的管理水平。

2.建立健全贷款管理制度、合理优化贷款结构

合理安排高校的贷款结构，分散其财务管理的风险。负债金额和负债的比率要与高校的实际情况相符合。借入资金时，长期借款与短期借款的比例要适合，资金的借款数量要根据高校的实际需求科学安排，使得负债结构更加合理化，同时要与高校的长期和短期偿债能力以及偿债的保障基础适应起来，计划好借贷期限不同银行的资金结构比例，从而能够合理地分摊不同期间的债务负担，以防止出现还款日期过于集中的现象，避免高校的信誉受到不良的影响，并达到报酬和风险最优组合的目的。

3.强化预算约束的管理

要加强财务风险的管理，就必须强化对财务预算的约束管理，可通过以下几种方式加强管理。

（1）制定科学详细的高校预算制定方法

高校的预算制定模式可以采用零基预算和PPBS（规划—计划—预算）模式相结合的办法。所谓零基预算就指在编制预算时，一切从零开始，对原有的各项开支项目重新进行核定，不是停留在修改上一年度预算或审查新增部分上。同时结合"二上二下"编制程序，通过科学详细的预算管理办法，来规范高校财务预算的管理。而PPBS模式可应用在那些在预算年度可能出现的重大财务支出或项目计划之中。它是通过规划（Planning）、

计划（Programming）、预算（Budgeting）三个程序，对预算资金进行合理的分配。

（2）加强预算管理

高校的预算管理通常包括：一是学校的预算编制内容以及预算编制、调整程序必须以规章制度的方式予以确定；二是学校内部的预算职权管理，不仅要从制度上对预算管理的科学规范进行保证，包括高校的一般预算编制执行和反馈调整等，还要维护好预算的严肃性；第三，高校正常的年度收支的预算应该坚持"量入为出"和"收支平衡"的原则；第四，要加强预算执行的监督，高校财务主管部门定期审查、汇报预算执行情况，并对专门项目预算进行绩效审计，同时还要坚持财务公开制度，公布财务预算的执行情况以及决算结果，以接受群众监督。

4.加强高校财务收支管理

高校的收入来源很广，主要包括在日常教学、科研、经营、社会等活动中取得的各种收入。其主要类别有财政拨款、上级补助收入、事业收入、经营收入、附属单位缴款和其他收入等。

首先对高校二级部门的创收活动以及高校产业的收入加强管理和规范。对于这类活动，高校应制定相应的管理办法。在收入的管理上，可参考使用 4:4:2 的分配原则，40%上交高校，20%用于创收部门的积累，其余的 40%可作为创收活动的成本费用支出。

其次加强对高校产业和独立学院的管理。对于其收入应严格按照相应的法律法规，根据出资、股份的比例，定期上缴利润。并且必须接受高校财务和审计部门的监督，并由高校专人或专门部门负责。

三、建立财务风险的绩效评价

对于高校财务风险的管理，除了风险预警、风险化解和风险控制三个方面管理外，还需要对高校承担的财务风险通过绩效评估管理的模式来进行评价，从而对所承担财务风险应实现的效果或目标来确定所担风险的价值。对于高校财务风险的绩效评价可以参照最早在企业中实行绩效评估"3E"模式，即经济（Economy）、效率（Efficiency）和效益（Effectiveness），具体可以分解为投入、过程、产出和效果的综合评价。

1.投入评价。对于借贷资金投入过程的评价主要包括以下几个方面：首先是对投资项目的评价，该项目必须符合高校中长期发展规划的需要，是在众多目标中最紧迫的目标，同时要分析开展工程建设会给高校带来什么样的收益，也要考虑因建设而带来的风险和损失。两者相比较，再初步决定是否需要对此项目工程进行建设，或者还有什么更好的替代方案。其次，在决定项目开始建设前，应经过专家论证，使项目规划、建设和资金的使用更为合理，以规避不必要的风险。再次是在专家论证的基础上，制定相应的建设期预算。在筹措资金的同时，应考虑到学校的负债能力，做好全年及整个贷款期的合理偿贷计划，以保证学校的正常运转。在预算编制的同时要充分考虑常规支出外的特别支出，做出合理的预计；对常规性支出应采取零基预算编制方式，对整个建设期和偿贷期做出完整、规范、合理、科学的预算和计划。最后是进行集体审批过程，将建设项目的全部工程在全校公开，包括建设的目的、建成后达到的效果、投入资金的总量以及建设时间等内容，再交付学校党委或校董事会，乃至职工代表大会讨论通过后方能正式付诸实施。

2.建设过程评价。对于在建设过程方面的评价，实际就是对工程质量及施工过程的监督管理。主要包括是否存在腐败行为、偷工减料行为、不按施工计划或方案施工、不按图纸施工等行为。在执行项目预算的过程中，预算方案一经批准，原则上不得变更。在建设期预算执行的过程中，要监督各部门严格控制预算支出，对专项拨款必须保证专款专用，不挤占、挪用和超支使用，严格审核各项手续和票据。最终在项目竣工时，邀请专家组和专业审计人员进行严格的竣工验收和审计，并要求内部审计人员全过程参与工程的建设审计。

3.产出的评价。着重在于在全年预算的执行下，通过竣工的工程项目，所开展的办学科研等活动，最终取得的成绩和产出。通过历年数据的比较，是否较项目工程竣工前取得明显的提高，或者只是年平均正常程度范围的改善，抑或者不但没有提高，甚至还有倒退的迹象。从这些现象可大致得出资金使用的效率状况。

4.效果的评价。体现在项目竣工后1～2个年度的年终决算后，在全年预算使用完结之时，回顾最初项目建设前的投入评价，是否达到项目建设的产出、效果或目标。回顾对全年目标的完成情况的综合比较，通过预算执行的情况和产出的成绩和数据，以完成对该项建设工程的绩效考评。

第七章　高校财务风险评价指标体系构建与预警研究

国内研究现状：高校财务风险这一主题自 1999 年高校扩招以来开始引起国内学者关注。杨周复、施建军（2002）建立了包括支付能力、年末货币资金结构、资金动用程度三方面的高校财务风险评价指标体系。许志昂（2006）通过因子分析法对高校生均经费收入等指标进行评价以分析高校财务风险。尹念（2011）运用 AHP 层次分析法和专家打分法，从高校偿债能力、营运能力和现金收支能力三个方面的指标分析，构建了高校财务风险预警模型。蒋洁（2012）针对教育资金活动引起的筹资风险、投资风险及现金流风险等三种风险类型，通过设计财务预警指标体系、建立财务预警综合指数，探讨高校财务预警系统的构建。刘丕平（2015）根据 PS 方法的原理、原则和技术，通过对一系列反映资金安全管理指标的综合检验，考核高校对其负债的承受能力，评价资金运营的风险状况，构建了高校财务风险宏观预警系统。李惠（2016）认为要建立一套完整有效的高校财务风险预警系统，需要高校管理决策层和财务管理部门进行大量的风险分析、投融资分析，再经过数理统计分析和实证研究才能得出。以上研究侧重于对企业相关研究成果的借鉴，但没有突出非营利组织特征和教育资金管理特点，缺乏对指标构建理论基础的阐述和推导。同时对现金流量在风险管理中的效用和预警应用没有通过案例或数据检验，构建动态模型的可行性和实效性值得商榷。

国外研究现状：Schipper（1977）以 1966—1974 年间当时公认的所有私立院校为研究对象，运用 21 个财务指标和 4 个非财务指标进行逐步多元判别分析。Lomax（1984）对 264 个正常经营和 72 个财务失败的私立高校进行分析，验证了非财务指标在财务预警中具有和财务比率同样的效力。Lane&Wangsely（2006）提出 COX 比例风险预测模型，该模型主要用来预测高校未来经营状况及财务生存能力与生存时间的概率。Barry Oliver（2009）认为国外高校，无论是公立大学还是私立大学，大都有一个较为完善的董事会及其领导的基金会，通过董事会的筹资和基金会的运作，能为高校提供比较充足的办学经费，财务风险相对较小。Schwab Bernhard（2013）认为高校财务风险预警要从全面性和重要性角度反映财务风险状况以及对财务风险的承受能力。从国外近 40 年高校财务风险预警研究可以看到其研究过程逐渐规范，但财务风险预警模式究竟使用哪些指标、使用多少指标并无一致的认同与理论依循。

第一节　高校财务风险预警概述

一、高校财务风险预警的概念

预警一词最早出现在军事领域，用来预报突然袭击的信息。随着社会的发展，预警一词已经深入到政治、经济等各个领域，具有重要的战略意义。现在可将预警一词可解释为在灾害灾难或危险发生前，根据以往总结出的规律或观测得到的可能性前兆，向有关部门发出讯号，以避免在不知情或准备不足的情况下发生危害，从而最大程度地降低危害所造成的损失的行为。

所谓财务风险预警，可以理解为以财务报表、经营计划等相关会计信息为基础，充分运用会计、统计、金融以及市场营销等理论，采用多种分析方法、统计方法建立数学模型，对组织的经营管理活动和风险情况做出预测，并对异常情况产生的原因进行合理分析，解释财务系统隐藏的问题以及时采取相应的措施，规避风险的发生。同时也为组织纠正经营方向、改进经营策略，提高资源配置效率提供了可靠的依据。

高校财务风险预警指在高校的财务管理活动中，结合高校财务报表等会计信息，科学地设众些敏感性财务指标，并利用统计学的分析方法建立起数学模型，通过实时地观测指标的变化来分析高校的财务运行状况和潜在的财务风险，对隐性的财务问题及时地做出预警以及早地采取防范措施，降低财务风险发生的可能性和减少损失。

二、高校财务风险预警的研究内容

要建命一套完整有效的高校财务风险预警系统，需要高校管理决策层和财务管理部门进行大量的风险分析、投融资分析，再经过大量的数理统计分析和实证研究才能得出。

常用的方法是参照可收集到的参考资料并结合市场运行的规律，将风险模型化和数值化，计算出风险警戒值，以此建起一套完善的风险评价、度量、决策和控制标准。而这套体系的实现则需要高校的风险管理作为基本保证。因为风险预警只有对所处外部环境的潜在风险做出测评的功能，而要对这些讯号做出判断，实施风险控制指令则需要高校的管理层来完成，因此只有将风险预警和风险管理结合起来，选择出良好的风险测评体系，并建立起良好的风险管理应对体系，才能达到既定目标，使高校降低风险，获取最大利益。

高校财务风险预警和风险管理的内容可以归结如下：①根据观测到的预警指标值对高校的财务风险状况进行感知。②对感知到的风险情况做出分析和判断。③如判定风险发生的系数较高，则建立风险控制机制。④确定风险值是否超过风险警戒值。⑤对风险管理人员进行合理配置，并建立专门的风险管理机构。⑥随着风险进程及时地做出风险管理建议和提出调整意见。⑦实现控制目标。

三、风险预警管理的基本方法

风险管理的关键环节在于对风险的预警。风险预警的方法有很多，它们包括：①单变量预警模型；②关键风险指标预警模型；③KLR 信号分析法；④阿特曼 Z-score 模型；⑤AHP 层次分析法。这些预警模型大多数运用于企业中，但如果做适当的变更，很多可以运用于高校财务预警模型的构建。

1.单变量预警模型

单变量预警模型是由 William Beaver 提出的，它是通过单个财务比率指标的走势变化来预测企业财务风险。William Beaver 对 1954 至 1964 年间的 79 个失败企业和参照（行业和规模相同）的 79 家成功企业进行了比较研究。他得出了两个发现：①债务保障率能够最好地判定企业的财务状况

（误判率最低），其次是资产收益率和资产负债率；②距离经营失败的时点越近，误判率也越低，而且单变量财务预警指标的预见性越强。

2.关键风险指标预警模型

相对于单变量预警模型，剩下的模型都属于多变量预警模型。关键风险指标预警模型认为风险的传递由于具有时滞，所以不可能风险一发生就在造成企业整体有所反映。风险的传递需要一定的时间，而且是一个有序的过程。在传递的过程中，一些活动先受到影响，后续的活动在前面的活动发生改变后才出现相应的问题。关键风险指标反映风险变化情况的早期预警指标，这些指标可以用于预测企业可能造成损失事件的各项风险及控制措施。例如：超过一定期限尚未确认的交易数量、失败交易占总交易数量的比例、员工流动率、客户投诉次数、错误和遗漏的频率以及严重程度等。

3.KLR 信号分析法

KLR 信号分析法于 1997 年由 Kaminsky，Lizondo 和 Reinhart 于 1998 年创立并经过 Kaminsky（1999）的完善。这一模型主要用于分析宏观环境中的风险。KLR 信号分析法的理论基础是研究经济周期传递的信号。其中心思想是首先通过研究外部环境危机发生的原因来确定经济变量（这些变量可以用于预测经济周期），然后运用历史数据进行回归分析以此决定与经济周期显著相关的变量，这些变量就可以作为经济周期变动先行指标。KLR 信号分析法会为设定了的先行指标设定一个阈值。当某个指标的阈值被突破，就意味着该指标发出了一个危机信号：危机信号发出越多，表示外部环境在未来一段时间内爆发危机的可能性就越大。

4.阿特曼 Z-score 模型

Z-Score 模型由 Edward Altman 发明。这个模型运用大量的实证分析，从公司的财务报告中抽取并计算出一组反映公司财务风险程度的财务比率。Edward Altman 给这些比率对财务风险警示作用的大小赋予不同的权重，最后进行加权计算得到一个公司的综合风险分，即 Z 值。Z-Score 模型判别函数为：

$$Z=0.012X_1+0.014X_2+0.033X_3+0.006X_4+0.999X_5$$

其中 X_1 反映了公司资产的变现能力和规模特征。X_2 表示公司的累积获利能力的大小。X_3 反映了资产的总体获利能力。X_4 反映的是公司的财务结构。X_5 是总资产周转率，它是公司营运能力在资产获利水平上的集中体现。

5.AHP 层次分析法

层次分析法（The analytic hierarchy process）简称 AHP 层次分析法。这个方法是在 20 世纪 70 年代中期由美国运筹学家 T.L.Saaty 正式提出。它是一种定性和定量相结合的、系统化、层次化的分析方法。层次分析法的基本步骤是：

第一步，建立层次结构模型。根据对实际问题的分析，将有关的各个影响因素按照不同属性自上而下地分解成若干层次。一般分为三层，最上面为目标层，最下面为方案层，中间是准则层或指标层。目标层通常只有1个因素，中间可以有一个或几个层次，通常为准则或指标层。当准则过多时（一般来说是 9 个）应进一步分解出子准则层。

第二步，构造成对比较阵。构造一般从层次结构模型的第 2 层开始。设某层有 N 个影响因素，X={ X_1, X_2, X_3, ...X_N }。把这些影响因素的相对重要性（取 1 到 9 为尺度）两两成对比较，构成一个矩阵。

$$A = (a_{ij})_N = \begin{bmatrix} a_{11} & \cdots & a_{1N} \\ \vdots & \ddots & \vdots \\ a_{N1} & \cdots & a_{NN} \end{bmatrix}$$

第三步，计算权向量并做一致性检验。计算每一个成对比较阵最大特征根及对应特征向量，并做一致性检验。若检验通过，特征向量就是为权向量，若不通过，需重新构造成对比较阵。

第四步，逐级计算组合权向量并做组合一致性检验。从最下层对目标的组合权向量开始，根据一定的方法做组合一致性检验，若检验通过，则可按照组合权向量表示的结果进行决策，否则需要重新考虑模型或重新构造那些一致性比率较大的成对比较阵。

第二节　构建高校财务风险评价体系

一、建立高校财务风险评价指标体系的原则

高校财务风险指标体系是由一系列反映高校财务风险状况的财务指标组成的，用以评价高校在资金运动过程中所面临的风险。高校财务风险的评价体系就是以高校财务风险指标为依据，借助于多元统计分析方法来评价高校财务风险状况，所以，高校财务风险评价指标体系的建立是非常重要的。本节在考虑到高校财务活动自身的特点和规律的情况下，提出了建立高校财务风险评价指标体系应遵循的原则。

1.科学性原则

所谓科学性，指指标的代表性及其体系的完整性，要求指标不重复、不遗漏，指标之间相互具有独立性，又互为补充，能基本反映财务核算和绩效评价的主要特点。只有遵从评价指标设计的科学性原则，才可能保证评价数据的准确性和权威性。

2.总体性原则

高校应当将事业发展、基本建设、校办产业和后勤服务等系统作为一个整体，全面评价学校的财力状况。这样有利于将财务实力和风险指标统一起来，正确评价学校的经济管理和财务运行状况。

3.整体优化原则

由于财务风险评价体系是一个多变量输出的复杂系统，所以不能角局限性较大的单一指标进行评价，而要建立多个财务评价指标来反映高校的财务状况。但指标又不能太多，以免失去评价的重点。

4.可比性原则

建立评价指标体系的目的，就是要对高校财务风险状况进行核算和评估，而这种评估只有通过校与校之间、指标与指标之间相互比较，才能更充分地体现出来。因此，必须考虑指标之间的可比性和通用性，即要求指标建立在统一的核算范围之内和相同的可比基准点之上，进行量化和比较。

5.可行性原则

立指标体系，既要从理论上注意它的完整性和科学性，又要注意到它在现实中的可行性与实用性。所以，在设立评价指标体系时，要保证指标体系所使用的全部数据均能由现有的财务资料和会计核算数据提供，这样，一方面可以充分利用财务数据，另一方面也可以增强可操作性。

6.动态完善原则

高校财务评价，不是一项临时的突击性任务，而是一项长期的不断完善的动态任务。从时间上说，考核评价的时间越长，高校绩效的趋势性事实也就越明显地反映出来。如果仅仅关注某一年份的评价结果，就可能由于某项工作的缘故而出现偶然性的跳跃。目前的评价还很难剔除这种偶然性，但坚持动态完善，不断加以修订，就可以根据教育管理的新要求和会计核算的变化，逐年修订指标，就能更准确地反映出各高校的财务风险状况的总体水平。

二、高校财务风险指标的选取

根据前面章节的分析，高校目前的财务风险主要存在于三个方面：高校筹资的风险，高校投资的风险以及高校整体运营的风险，高校成长能力不会使高校产生风险，但是成长能力的增强，充分说明高校应对风险的能力较强，规避风险的可能性比较大。财务指标的选取要能够准确和真实的反映高校目前的财务状况，综合高校财务风险评价体系常用的指标以及创新点，将指标分为四部分：筹资风险指标、投资风险指标、整体运营指标和成长能力指标，除了选取了一些以往研究中常用的偿债能力的指标外，还选取了反映该校成长能力的指标，虽然这些因素在高校财务因素中占比例较小，但是成长能力指标的数值相对越大，说明高校成长能力较强，未来应对高校财务可能发生风险的能力就越强。

1.筹资风险指标

指标选择中筹资风险主要放在偿还债务方面，许多高校处于债务化解的时期所以以往债务的化解仍然占高校财务风险较大的比重：

（1）高校资产负债率＝负债总额/总资产金额

高校资产负债率反映高校债务总额所占高校总资产的比率，这个比率越小说明高校化解债务的能力越强，高校正常经营以及相关财务活动的可以得到保障，相反如果高校该比率越大，甚至超过50%就说明高校债务金额过大，已经很有可能影响高校日常运营，高校财务风险已经非常大了，高校财务保障较低。

（2）年度借款占年总收入的比率＝年末借款余额/年度收入

该指标是高校年末债务与年度收入的比例，该指标反映高校清偿债务的能力，该指标越大直接说明高校清偿债务的能力越低，高校债务偿还保障程度越低。如果该指标越小，说明高校很容易或者在很短时期内就可以还清银行借款，清偿债务的能力较强，高校面临还款压力较小，银行收回欠款就越有保障。

2.投资风险指标

投资风险相关指标主要针对高校对校办企业和其他方面的投资。

（1）投资收益率＝（校办企业收益＋其他投入收益）/（校办企业投资＋其他投资）

投资收益率是反映高校对外投资的收益情况，反映高校投资回报程度，教育部2007年规定高校不得进行债券、股票等风险性投资，高校的对外投资主要校办企业以及风险较低的其他投资。对于高校来说校办企业是高校可以获得较多收益的一种投资方式，也可以利用高校自身的科研成果将其转化为科研收入，成为自筹收入的一部分，所以投资收益率越低说明高校通过校办企业和其他投资获得收益的能力越差，投资面临不可回收的风险越高。相反，投资收益率越高，说明校办企业的收益能力越强，高校的自筹经费的能力也就越强，高校对校办企业投资的回报率就越高。

（2）基建投资财务风险＝（年末基建借款总额＋年末基建应付账款—年末基建剩余资金）/（年末事业基金—投资基金＋年末专用基金—应收及暂付款）

该指标反映高校对基础设施的投资的风险，基建投资的净额与年末基金的净额的比值，该比值越大说明高校对基础设施投资越高，同时也说明高校借款发展基础设施建设的现象越严重，投资风险较高。如果该指标较小，则高校借款投资的金额较小，投资风险也就越小。

（3）校办企业资产负债率＝校办企业负债/校办企业资产

该指标反映高校校办企业的负债与校办企业资产的比例，该比值越高说明校办企业的偿债能力越差，高校可能面临投资无法回收的风险。如果该指标较小，说明校办企业的债务较少，高校收到连带责任的可能性也就越小，投资无法收回的可能也就越低。

3.总体运营能力指标

（1）自筹收入能力＝（事业收入＋附属单位上缴收入＋捐赠收入＋其他收入）/高校收入

高校主要的经费来源是国家的财政性拨款，但是多元化筹资趋势的形成，高校就不能再仅仅依赖国家的财政拨款，还应该加强自筹资金的能力，这样高校收入增加，应对财务风险的能力也就越强，高校经济活动的灵活程度也就越强。

（2）经费自给率＝（事业收入＋经营收入＋附属单位上缴收入＋其他收入）/（事业支出＋经营支出）

该指标反映高校的自筹资金是否能满足高校的日常性开支，如果高校自筹资金可以满足说明高校筹集资金能力较强，整体运营和财务管理的水平较高，完全可以做到自给，如果该指标小于 1 甚至很低，说明高校的自给能力较差，对于国家拨款的依赖程度较高，日常预算管理等相对较差，有可能支出过多或者自筹资金能力不足。

（3）现金支付率＝（现金＋银行存款）/（年支出总额/12）

该指标是考察高校日常运营能力的指标，高校的银行存款与现金可以用来支付高校支出的月份数，数字越大说明高校日常运营保障较高，应对日常风险的能力较强，但该数字也不易过大，因为高校部分资金可以用于投资校办企业或者用于科研，如果都只存在银行里无法发挥其效用也是不合理的，所以该数字在一个适度的范围内说明高校财务管理制度制定、日常开支等制定较为合理。

4.高校成长能力指标

（1）净资产增长率＝（期末净资产－期初净资产）/期初净资产

该指标是该年净资产的增长净额与上年末净资产的比率，反映高校资产增长的比例，该比例越大说明高校资产增长越快，高校的成长能力越好，竞争力就越强，应对风险的能力也就越强。

（2）固定资产增长率＝（本年末固定资产总额－上年末固定资产总额）/上年末固定资产总额

该指标是高校本年度的固定资产净增加额与上年固定资产总额的比值，该指标如果过大说明高校资产增加过快，但有可能日常运营的风险增加，高校现金持有量不足，但该比值太低则说明高校成长的能力较差，发展比较缓慢，所以该比值也是一个需要适当的比例。

（3）无形资产增长率＝（本年末无形资产总额－上年末无形资产总额）/上年末无形资产总额

无形资产包含的内容较多包含专利、学校声誉等，这些属于高校软实力，它不同于固定资产和流动资产有型，所以许多高校容易忽视无形资产的管理，但是无形资产的净增加额与上年末无形资产总额的比值可以反映无形资产的增长程度，无形资产包含高校的专利数等也是高校资产中应该注重的一部分，高校加强对无形资产的管理也是防止国有资产流失中很重要的一部分，所以无形资产增长速度快，说明高校科研能力较强，对高校资产管理的也相对较好，成长能力就较大，这一指标过去的评价体系中关注较少，为新增指标。

（4）捐赠收入增长率＝（上年捐赠收入－本年捐赠收入）/上年总收入

高校捐赠收入占高校总收入的比值很小，每年我国高校总经费收入中捐赠收入不足 1%，但是获取捐赠收入是一个高校多元筹资的重要一环，该比值的不断增加也说明高校成长能力较好，自筹资金能力提高，高校多元化筹资结构发展得更完善，由于高校捐赠收入目前占高校收入比例较小，所以对与这一指标的关注较少，该指标为新增指标。

第三节　政府对高校财务风险监控评机制研究

一、政府对高校财务风险监控机制建立

1.政府通过教育主管部门对高校财务风险监控

（1）建立对高校的财务管理监控机制。政府应该增加现有教育主管理部门的管理职能，对高校财务进行监控。政府监控的职能必须从直接宏观层面转向间接宏观层面，在政府宏观调控的同时引入专业中介组织或社会力量等来对高校财务进行监控。政府应尽快地制定各种监控指标和监控措施，以规范高校的财务活动。监控措施以及监控活动必须以政府为主体，以法律为准绳，以政府职能部门为媒介，在全国范围内强制执行，进而保证高等学校财务活动法律化、规范化。政府的职能只是维持国家标准的权威性和严肃性，监控机构根据各种类型的学校使用合适的指标对高校财务进行监控，并且将监控结果公布，其评价意见应被政府采纳。

（2）构建高校贷款的政府监督管理体系。为了加强高校贷款管理，防范财务风险，明确还贷责任，以确保高等教育事业的健康发展，财政部和教育部出台了《教育部财政部关于进一步完善高等学校经济责任制加强银行贷款管理切实防范财务风险的意见》，然而对如何实行有效监督管理以及高校贷款如何操作并未作详细说明。各高校主管部门应该尽快建立高校贷款监督管理体系，将高校的银行贷款纳入政府的监督管理之中，从源头上加强管理，从而确保高校贷款的可行性和安全性。所以，可根据"高等学校银行贷款额度控制与风险评价模型"对高校贷款进行测算，然后根据测算结果，进行针对性的监督管理：凡是贷款风险指数小于等于 0.4 的高

校，新增贷款可由高校根据实际需要办理；凡是 0.4 小于贷款风险指数小于等于 0.6 的高校，新增贷款应实行备案制度；凡是贷款风险指数大于 0.6 的高校，新增贷款应实行审批制度。

（3）监控机构的监控活动需要更多的组织进行协作。任何一个部门要更好地完成工作有着更好的效率，必须多个部门进行配合与协作，高等教育系统中的任何组织为了满足自身的需要，为了实现自身的目的，就必须需要更多的组织进行协作。因此基于共同的监控目标，高校管理部门的监控责任同样需要一些其他相关的职能机构进行共同协作，如审计、纪检、司法等机关，通过与这些组织部门的协作对高校财务活动实施影响，共同完成监控的任务。

2.政府通过银行及金融机构对高校财务风险监控

（1）政府为高校提供贷款担保。针对高校在贷款中难以提供银行满意的担保问题，政府在保证贷款安全的前提下，为高校的贷款提供必要的担保，可以化解困惑银行和高校双方的难题，有效和规范促进高校贷款顺利进行。一方面，由财政部门开具备用的信用证作为贷款高校作担保，如果高校贷款出现到期不能偿还，银行就可利用备用信用证，从而可以化解贷款风险；另一方面，高校教育主管部门可以出具书面担保，对高校贷款提供信用保证。再就是推广"财政贴息贷款"。现在有些省份将以往传统的直接拨款转变为高校贴补贷款的利息，赞同高校向银行贷款，起到了很见效的作用。因利息由财政直接拨付给银行，就变相的为高校贷款提供了担保，贷款风险也就随之有所降低，并且银行也可以按期得收回利息，然而就产生一定的经营效益，所以银行是很乐于接受的。

（2）高校银行贷款的原则：坚持必要性和举债适度的原则。贷款是需要有资金来源作为保障的，举债不过是融通资金的一种方式，是权宜之计，而绝非资金收入的增加。过度举债会影响高校的持续发展，因此必须严格控制贷款规模，充分考虑学校的预期偿债能力。况且举债需要支付较高的利息，过度举债必然加重高校的利息负担。因此，高校必须在进行充分的可行性论证的基础上，根据学校实际情况，选定一些关乎学校长远发展，而且急需解决的重要基础设施项目进行举债，以保证学校的可持续发展。

（3）规定银行贷款的使用方向。高校从银行获得的贷款资金应用于解决当前和未来制约学校事业发展的关键问题和对学校事业发展有重大影响的项目。要切实加强对贷款资金的投向管理和流量控制，确保贷款资金用于既定的建设项目上，严禁用贷款资金再次进行其他项目的融资活动，更不允许将贷款资金用于某些消费性支出或人员经费支出。

3.高校自身财务风险监控机制建立

（1）强化综合财务预算管理，将贷款管理纳入预算管理的体系

①将债务收支纳入高校预算体系，它既包括了债务收支的综合收支预算，又包含了会计核算口径支出，在进行年度收支预算的时候，要考虑到偿债能力，将还款计划归纳到高校的年度收支预算之中，促进科学有效的使用贷款资金，使高等教育事业向快速健康的轨道发展。

②加强预算和中长期的规划，把年度财务预算与中长期预算期及规划进行有机的结合，从年度贷款资金的使用情况来预测投资的利用率，进而达到宏观控制的目的，并从年度招生计划的完成情况，进行动态确定贷款额度和期限，及时调整总体的规划，有效地规避财务风险。

（2）提高高校财务风险管理水平

在没有进行成本核算的基础上，高校管理者不愿意受到资金使用的约束，资金不够就找银行贷款。所以，建立风险责任制是必需的，以法律法规的形式明确高校风险的责任人。保证风险防范与控制的具体环节，但是在过去高校的财务管理中，财务人员所定位的角色大部分为"出纳"，而且在事业单位财会制度中也没有风险管理要求，他们却是我们今后防范风险、控制风险计划的真正实施者，对他们提出职业高要求，让他们清楚事前、事中、事后的经济行为，尽可能减少高校财务风险。

（3）建立资产管理与预算管理相结合的管理模式

要进一步加强资产管理，通过资产清查，建立健全资产信息动态管理系统。要以规范的资产管理流程和明确管理责任为基础，推进资产管理手段创新，为预算管理与资产管理相结合提供技术支撑。应该充分利用现代信息技术，创新资产管理手段，提高资产管理水平。

（4）推行高校成本核算

一是坚持支出与收入配比原则进行成本核算，提高防范资产管理风险的预警能力。建议长期投资按权益法核算、无形资产摊销、对经营收入计提坏账准备、基本建设并入学校财务大账、对固定资产计提折旧等。二是改变会计核算基础，将收付实现制变更为权责发生制，从改革核算源头调动高校财务人员的管理积极性，降低人员管理风险。并建议以权责发生制为基础，改革高校成本核算和收入科目方式来降低收入管理风险。

二、对策及建议

1.充分发挥政府主导职能，帮助高校化解财务风险

切实增加财政投入，才能从根本上缓解高校的财务困难。另外，政府应该出台相关政策，支持高校财政。比如，对高校贷款实习贴息政策，由中央、地方、和高校共同承担利率负担；另外，可以发行教育国债，这样高校的一些不合理贷款就基本可以得到解决。政府从政策上给予高校财政的帮助，高校的财务风险会得到有效地解决。

2.政府要加强对高校贷款的管理和控制。

政府要加强对高校贷款的管理和控制，建立严格的科学贷款审批制度和贷款评价机制，建立有限的政府宏观调控高校贷款制度。政府主管部门要切实做好对高校实际情况的调查，建立高校贷款的事前审查、事中监督和事后跟踪偿债管理的制度，同时根据各高校实际情况，确定各高校贷款最高警戒线，并予以严格控制。对贷款余额超过警戒线的高校，要制订具体还款方案并停止贷款，否则可通过扣减经费拨款、暂停专项资金申请等方式予以处罚。同时，追究学校及有关人员责任，切实保证高校贷款合理合规合法使用。

3.鼓励高校从多渠道筹措办学资金

高校具有大量的专业技术人才和丰富的科研条件，高校完全可以发挥自身的优势，通过联合办学、合办企业、提供技术指导和培训、提供科研开发、多争取横向、纵向科研课题等方式，取得办学收入和科研收入，增加高校的自有资金。捐资助学目前也逐渐成为高校获取办学资金的一个来源。高校可以通过加大非营利性办学力度、加强学校声誉建设等方式，提

高学校的知名度，争取更多的社会捐赠资金。适当引入 BOT 融资方式，用于学校后勤服务设施建设，缓解学校的经费压力。另外，高校的大量技术人才和丰富的科研条件，是高校办好校办企业的优势条件。大力发展校办企业，是增加高校自有资金的有效途径。实现多方筹措教育资金可有利于增强高校的还贷能力。

4.规范高校办学行为，走内涵式发展的道路

适当控制高校招生增长幅度，把高校办学的重点转移到提高质量上来。《国家教育事业发展"十一五"规划纲要》强调将控制公办学校贷款规模，适当控制大学招生增长幅度，提高人才培养质量。这标志着我国高等教育在经历近十年的大规模扩张后，将告别高校粗放发展模式，走向以提高办学水平和人才培养质量为核心的内涵式发展道路。高校必须把握这个新的形势和特点，切实把重点放在提高质量上，努力实现又好又快的发展。而不是一味地想着把学校做大做强，然后不计后果的高投入，造成"前任建设，后任还钱，政府买单"的情况。

5.建立完善的政府对高校财务风险预警系统

政府应建立有效的高校财务风险预警系统.高校应设计一系列的指标对可能出现的风险进行预警。建立政府对高校的财务风险预警系统，可以通过以下步骤进行：

（1）风险识别，确定风险类型、风险等级，如将风险分为利率风险、通胀风险、筹资风险、资金运作风险等，同时将其进一步划分为一级、二级、三级风险等。

（2）风险评估，就是量化风险损失，确定各类风险预警指标与临界值，并对照确定其所属等级。

（3）风险管理，就是采取有效措施对财务风险进行控制和化解.

（4）做好财务风险预警系统的组织设计工作，包括建立风险评价与预测模型、报警判断方式与模式、设计预警业务流程等。

第四节 高等学校财务风险控制
及预警机制建立

一、高校财务风险的控制

1.高校财务风险控制的原则

从根本上讲，高校财务风险控制仍属于高校的一项管理活动，并且越来越成为高校整个经营管理系统的重要核心内容。因此，高校在制定和实施财务风险控制策略的过程中必须遵循和利用高校管理的基本原则以及风险控制本身所要求的其他原则，这些原则主要包括以下几个方面：

（1）各高校总目标的原则

高校总目标是高校一切经营活动的出发点和归宿。高校财务风险控制作为高校整体经营管理活动的一部分，其风险控制目标和策略的制定应该而且必须符合高校发展总目标的要求。一般来说，若高校以稳健经营为目标重心，则高校财务风险控制策略的制定和实施应以"保守"和"谨慎"为主；反之，若高校目标强调增长和发展，则高校财务风险控制策略应倾向于"积极"和"冒险"。

（2）局部风险与整体风险防范与控制相结合的原则

高校经营成果是由多项相互关联的经营活动共同作用的结果。因此，对于高校局部或部门经营活动出现的风险制定和实施风险控制策略时，要考虑控制局部风险可能对高校整体风险防范与控制目标的影响。不能因片面追求局部利益或部门利益而损害高校的整体利益。高校局部风险控制策略的制定应以整体风险控制目标为指导思想。

（3）风险防范与风险处理相结合的原则

风险控制与风险处理相结合是高校财务风险控制总体目标本身所要求的。高校利益主体在认识和掌握财务风险本质的基础上，能够采取一定的策略措施以避免某些风险损失的发生。但由于风险控制主体自身能力的限制和外部环境的复杂多变，高校某些风险损失的发生在所难免，这就需要高校采取一定的策略措施进行风险损失的处理。只有风险控制策略与风险处理策略相结合才能达到风险控制的最佳效果。

（4）兼顾其他主体利益的原则

高校财务风险控制动力的形成是高校多个相关利益主体共同作用的结果，因此，高校经营者在制定和实施高校财务风险控制策略时，要兼顾高校所有者、职工、债权人、政府部门等所有与高校经营相关的经济主体的利益需求。任何只考虑某些经济主体的利益而损害其他主体利益的风险控制的行为都将降低高校总体财务风险控制的效果。

（5）长短期利益相结合的原则

根据高校财务风险本身的特点，在通常的情况下，以较小的费用支出采取一定的高校财务风险控制措施便可防止未来较大损失的发生，取得较大的安全保障；反过来较大损失的出现往往又与高校决策主体贪图短期的或暂时的较小利益而放弃实施风险控制措施有关，因此，高校财务风险控制主体应认真分析风险的性质及其可能造成损失的严重性，在高校因采取风险控制措施致使风险成本增加而减少的近期利益与高校长远利益安全保障程度的提高之间做出权衡，以防贪小失大。

（6）成本效益比较的原则

任何预防和治理高校财务风险的手段与措施都需要投入一定的成本，以最小的成本获得最大的安全保障是高校财务风险控制的内在要求。如果规避风险获得的收益未能弥补为防范与控制风险所投入的费用，则高校就失去了控制风险的必要。在高校风险控制过程中，成本内容往往可以较好地确定：如转嫁风险的费用支出、自担风险的资金成本、控制损失的各种投入等，但其效益则有其特殊性，这是因为所获得的安全保障程度究竟有多高是很不确定的，由此体现出的风险防范、控制效果也就难以确定，尤其是短期内更难以得到体现，因此，高校经营者必须以科学的态度和战略的眼光开展高校的风险控制活动。

2.高校财务风险控制的方法和途径

高等学校作为事业单位，它的财务风险主要表现为总体财务状况的失衡。它不可能像企业那样，出现资不抵债的财务危机现象，但是会出现流动资金的短缺，面临拖欠工资、运转困难这种举步维艰的境地。鉴于此，可以采取适当的防范措施解除和分散可能出现的财务风险，从而保证高校的财务实力，强化高校竞争能力，尽可能避免财务状况的总体失衡。高等学校财务风险的防范措施可以从以下几方面着手：

（1）降低风险法。降低风险法的一种策略是通过付出一定的成本来减少损失出现的可能性，降低损失程度。如通过加速应收账款的回收，存货的周转，减少坏账损失，提高校办企业收益质量等等。另一种策略是通过完善管理制度和办法来增加高校抵御风险损失的能力。

（2）分散风险法。分散风险的一种策略是通过风险组合：又称分散风险法或多元控制法。对于风险投资方案，高校可以与其他高校联合，以股权的方式共同出资、收益共享、风险共担，这样就可以把风险一分为二。另一种策略是通过多渠道筹资，除了财政拨款，贷款，社会渠道，产业渠道，科研渠道，收费制度等以外，还可以考虑基金渠道，利息渠道，税收减免，利用金融工具等，从而降低高校财务风险。

（3）转嫁风险法。转嫁风险法指高校利用一些合理合法的经济手段（保险、协议、创新金融工具等方法）将风险部分或全部转移给其他经济实体承担的方法。如：①风险保险指高校通过事先向保险公司交纳保险费，形成社会保险金，用于意外损失险，则可以将一部分风险转嫁给保险公司。所以高校可以通过风险保险方法转嫁风险给保险公司。②创新金融工具，签订远期合同。③转包法，高校将风险大的业务采取承包经营或租赁经营的方式转给其他单位或个人，高校定期收取承包费和租金，这样高校收入有保障，而风险则转由他人承担。

（4）缓冲风险法。高等学校在进行大型项目投资时，遵循谨慎性原则，建立风险基金，为风险较大的长期负债建立偿债基金；提取一定比例的坏账准备金等来降低和缓冲财务风险。

（5）回避风险法。高等学校在进行风险决策时，要尽可能回避那些为控制风险损失的发生所产生的费用大于预期收益的方案。在风险方案的实施过程中，出现异常情况，要及时调整或终止方案，以减少损失的可能性和损失程度。

二、高等学校财务风险预警机制建立

目前高等教育产业化的趋势已较明显，特别是近年来，其超常规发展、大规模举债办学，扩张速度之快与竞争之激烈前所未有。随着社会对高等学校人才需求的"买方市场"市场形成，一旦高校在竞争中失败，对高校财务状况的影响将是难以想象的。对此应早做准备，建立起高校财务风险预警系统。

所谓财务风险预警系统就指：在财务风险控制中，设立一些科学化的敏感性财务指标，通过观察这些指标的变化，对可能或将要面临的财务风险进行预测的一种财务分析系统。市场竞争中，财务风险时有发生，一旦财务状况恶化，经济实体就会面临生存危机。但财务风险从萌芽到恶化并非瞬间发生，而是一个循序渐进的过程。在这一过程中，影响和产生财务风险的因素会直接或间接地通过一些敏感性财务指标反映出来。如果能提前观察到这些指标的变化，便可对财务风险产生预警作用，经济实体可以采取相应措施，以规避或化解财务风险。

1.高等学校财务风险预警系统的特征和功能

作为财务管理的一种重要辅助手段，高等学校财务风险预警系统应具备以下特征：超前性、示警性、连续性、系统性、更新性、自适应、自学习性及稳定性。除以上特征外，作为财务预警系统，还应具有可操作性以及较高的可靠性等。

高校财务风险预警系统在设计上应具有如下功能：

（1）信息采集功能。

（2）信息分析功能：利用会计信息分析财务活动，分析高校的经营活动的效果，财务状况及发展趋势，使之具有决策支持功能。

（3）信息预测功能：主要对未来资金运动情况做出分析、判断和预见。其主要目的是为财务和经营决策提供基础资料。

（4）综合判断功能：即对引起财务活动和财务关系的因素进行判断，对高校的经营风险和财务风险产生的原因进行分析、判断，并对风险因素之间的动态关系以及后果进行推断。

（5）跟踪监控功能。

（6）预警提示功能。

（7）对策支持功能：以人机对话方式对不同警级状态提供对策方案。

（8）自我更新功能。

高校财务预警系统随着高校管理状况和外围环境变化能自动调节，使系统与之适应。

3.建立高等学校财务风险预警系统的基本步骤

财务风险预警属于经济预警范畴，从逻辑上讲，包括这样几个阶段：明确警义、分析警兆、寻找警源、预报警信、实施警控。这里，明确警义是大前提，是预警研究的基础，而分析警兆、寻找警源情属于对警情的因素定性分析和定量分析，预报警信、实施警控则是预警的目的所在。

（1）明确警义

明确警义也就是明确预警的对象。所谓警义指警的含义。警义又可从警素和警度两个方面考虑。警素指构成警情的指标是什么，而警度则是警情的程度。

（2）分析警兆

分析警兆是预警过程中的关键环节。警兆也叫先导指标。一般来说，不同警素对应着不同警兆。警素发生异常变化导致警情爆发之前，总有一定的先兆，这种先兆与警源之间可能有直接关系，也可能有间接关系。警兆的确定可以帮助高校有效地确定警源。

（3）寻找警源

警源是警情产生的根源。从警源的生成机制来看，警源可以分为两种：一种是由高校外部输入的警源，即外生警源；一种是由高校内部产生的警源，即内生警源。

（4）预报警信

确定警兆之后，要进一步分析警兆与警素的数量关系，然后进行警信预报。警信预报是预警的目的，主要有两种方法：①建立关于警素的普通模型，先做出预测，然后根据警限转化为警信；②建立关于警素的警信模型，直接由警兆的警级预测警素的警信。在预报警信中，应结合经验方法，专家方法等，这样可提高预警的可靠性。

（5）实施警控

在发出预报警信后，根据财务风险控制制度以及预警系统中专家支持方案，以人秒寸话方式对不同警级状态提供对策措施并自动实施控制，促使风险状况的转变，减少风险损失。

4.高等学校财务风险预警系统的类型

财务风险预警系统大体上可以分为两大类：电子预警系统和指标性风险预警系统。

（1）电子预警系统

电子预警系统主要是由电子装置进行信息采集、信息分析、决策和发出警报的，电子预警系统的运作过程基本上依赖于电子装置，是一种自动的预警系统。

（2）指标性风险预警系统

指标性风险预警系统指对组织中那些不容易根据获得的信息直接判断发生与否的风险，将信息转化为一系列较好识别的指标，然后根据指标的异常进行风险预警的系统。这种风险一般无法根据直接获得的信息判断风险发生与否，需要对信息进行加工，使原始信息转化为一系列的指标，然后综合各种指标以判断风险发生与否，而且，判断也不是直接的，需要有一定的知识和经验，还要结合组织的内外环境，才能做出较为准确的判断，并决定是否发出警信。本论文就是采用指标性的风险预警系统来判别高等学校的财务风险状况。

在建立指标性风险预警系统时我们要注意的是：

①根据财务风险预警的要求选择合适的指标体系。这些指标的综合评价值能较好地反映高校财务风险状况；

②指标的持续性。建立指标所需要的信息应是可以持续得到的，如果确定指标所需要的信息有时可以获得，有时无法获得，或者是只能部分地获得，那么这项指标就不能持续地建立起来，使这项指标在某些时候缺失，这样危机预警系统的指标体系就会不完整；

③指标内涵的稳定性。也就是说，指标不能在不同的环境下出现明显不同的解释。指标因环境的不同出现含义的变化，那么风险预警系统就无法根据指标的初始含义对风险进行预警；

④指标体系的相对稳定性，即用于风险预警的各种指标不会出现轻易地变动。虽然随着组织内外环境的变化允许用于风险预警的个别指标被新的指标替代，但是要慎重，如果指标替换得过于随意，那么建立在各种指标基础上的危机预警系统就可能丧失权威性和可信性；

⑤指标数据的更新可以是持续的，也可以是间断的，需要根据组织情况的不同和风险的不同而决定。如果组织管理工作非常出色，外部环境是一个稳定的环境，组织成员为组织工作尽心尽力，那么指标数据更新的间隔时间可以长一些，如果组织处于一个瞬息万变的环境之中，组织可能就不得不进行持续的或频繁的风险监测。

5.综合述评

综上所述，对高校财务风险的预警研究仍存在不足，主要体现在以下三方面：

（1）侧重指标体系设计，未能从理论演绎的角度对指标选择进行推导。传统指标选择多采用试误法，从众多备选变量中筛选具有显著性的指标，花费大量成本在前期处理上，而且无法掌握成效。因此亟须构建财务风险预警理论模型，依据理论选取有用的指标有助于检验指标设计的科学性。

（2）研究视角局限于静态考察，缺乏动态分析。高校财务风险的产生是一个动态发展过程，不同时期表现的风险程度不同，这就要求构建风险预警模型时取其阶段化概念，对高校财务风险区分不同等级进行诊断分析。

（3）规范研究多，实证研究少。描述性分析多，缺乏度量的适宜工具和方法，没有对高校进行较长时间跨度的实证研究（如3年或以上），未对财务风险演变不同阶段的特征通过数据进行实证揭示。

第八章 高校财务风险预警系统的构建研究

第一节 高校财务风险预警理论基础

一、高校财务风险预警的基本理论

由于绝大多数西方财务风险研究都以破产或申请破产作为界定财务危机的标志，所以财务危机研究在很多情况下也被称为破产研究。任何经济学理论都可以分成规范理论和实证理论，破产理论也不例外。规范性破产理论致力于通过演绎推理解释为什么一部分企业会走向破产，而实证性理论则注重于通过分析经验数据来预测企业的破产。

规范性破产理论大致可分为四类：

1.非均衡理论

主要用外来冲击（external shock）来解释公司破产，如混沌理论（chaos）和灾害理论（catastrophe）。Ho 和 Sauders（1980）首次将灾害理论应用于公司破产研究领域，他们使用灾害理论研究美国的银行管制，发现银行的破产不是因为逐步衰落而引起的，而是一种"由管制机构行为引起的突然倒闭"；另外一些则将破产与具体的经济原因联系在一起，如消费者偏好、企业生产函数的变化、市场结构、行业特征（如进入及退出壁垒）、公司的成长特点、资本结构特征及在行业中的相对地位等等。

2.财务模型理论

由四种财务模型组成。其一是期权定价模型，该模型将负债经营的企业看成是被债权人持有的证券，而股东持有一个以该证券为标的物的看涨期权（calloption），只有在企业的总市场价值 MV 高于债务价值 D 时，股东才会行使该看涨期权。在企业破产的可能性和期权的价值间存在直接的联系，而期权价值的一个重要决定因素是企业市场价值（MV，权益加负债）与负债（D）差的期望和 MV 方差的比值。所以企业破产的概率由企业 MV 及 D 共同决定。第二个模型是不存在外部资本市场条件下的赌徒破产模型，该模型假设企业无法通过证券市场筹集资本，企业每期都以一定概率得到一个正的现金流，以一定概率得到一个负的现金流，所以存在企业在一定期间内总是得到负现金流的概率。在此条件下，企业破产的概率由现金流（CF）和企业净资产清算价（NA）之和的期望与现金流方差的比率决定。如果放松企业不能和外部资本市场接触的假设，其余假设和第二个模型相同，就得到了第三个模型，具有完美外部资本市场条件下的赌徒破产模型。在此条件下，企业的破产概率则是由企业 CF 和 MV 之和的期望与 CF 方差的比率决定。进一步放松对资本市场的假设，就可得到第四个模型，外部资本市场不完美条件下的赌徒破产模型。该模型进一步考虑进融资成本，在这种不完善的市场环境下，企业的持续经营价值与其净资产清算价值之间会存在较大的差距，在这种情况下，衡量企业流动性的指标就有可能成为计算企业破产风险的一个重要因素，即在其他所有融资渠道都被切断时，公司的生存能力或所能维持的时间。

3.契约理论

该理论试图用股东和债权人之间的潜在利益冲突来研究公司破产。Chen，Weston 和 Altman 于 1995 年建立了一个研究破产过程的基本代理模型，该模型假设有三种参与者：股东、银行和股东不能直接联系的其他债权人；并假设企业只面临两种状态，好的（good）和坏的（bad）现金流；且假设所有参与者都是风险中性，管理层以股东利益最大化为目标。在这些假设的基础上，他们研究了出现有效投资、过度投资、投资不足和不投资的条件，认为公司变现价值 L 和债务面值 D 之比对公司投资行为有很大的影响，同时债务的期限结构也是影响投资效率的显著因素。他们还认为短期银行借款在总负债中的比率越高，企业的投资效率也越高，这是因为银行相对于其他债权人来说，更具有信息优势和谈判能力，更能寻求保护所有债权人和股东的共同利益。

4.管理学和企业战略学理论

这类理论只能勉强称为规范性理论，这是因为它们只不过是通过对一系列破产公司进行案例研究得出的规律性总结。如 Porter 的竞争优势理论强调竞争对手、进入和替代的威胁以及与客户及供应商讨价还价能力等因素，分析这些因素就可以确认企业在降低成本及产品差异化上面所具有的竞争优势。许多管理学领域的学者根据这个理论框架发展出一系列解释破产原因和征兆的理论。他们大多数都将管理失误作为公司经营失败的主要原因，如权力过于集中，缺乏内部控制机制或机制没有得到有效执行，会计及财务控制不严，对竞争反应太慢，经营缺乏多元化，借贷过度，等等。

规范性理论虽然不能完全认定进行实证检验或预测公司破产的实证模型所应包括的解释变量，但它们毕竟提供了一个理论框架，为变量选择提供了一定的指导作用。

与规范性理论相反，实证理论（研究）注重于通过考察危机公司的财务特征，利用第一手数据和各种统计手段来预测公司的财务危机。由于它们能够提供良好的预测能力并帮助决策，实际上已经构成了财务危机研究的主体。实证研究主要利用从公司财务报告中获得的财务数据进行预测。

二、高等学校财务风险预警系统的建立目的和作用

在高等学校财务风险预警研究中，主要的内容集中在以下方面。一是进行趋势风险分析预警，简要描述为 $Y=f（t）$，其中 Y 是预测变量，t 是时间；其二是进行多因素预测，模型可描述为 $Z=f（a_1，a_2，a_3，……，a_n）$ 其中 $a_1，a_2，a_3，……，a_n$ 为相关变量；其三是偶发事件和征兆信息预测。

高等学校财务风险预警系统建立的根本目的在于满足高等学校发展管理的需求，争取竞争优势，合理安排经费预算，适度控制负债规模，加快资金调度与周转，揭示隐性财务风险。

高等学校管理决策层可以依据财务风险预警系统做出各种相关决策，以体现决策的科学性和准确性，就高等学校财务风险预警系统在高等学校管理中发挥的重要作用而言，具体表现为：

第一，为识别高等学校财务运行风险征兆提供依据。高等学校的财务运转情况借助于设置的各种财务比率指标综合反映出来，当容易带来风险的关键因素出现时，预警系统能预先发出警告，提醒高等学校管理层早做准备，采取对策应变，避免隐性风险演变成实际损失。

第二，为上级主管部门决策层提供宏观管理的依据。随着高等学校自主办学能力的增强，上级主管部门介入学校微观管理会越来越弱化，宏观管理成为主导方向。那么，上级主管部门如何来正确进行宏观管理呢？高等学校财务风险预警系统可以提供学校的基本财务信息，预测学校的财务状况，为制定宏观制度提供了基层资料。

第三，为高等学校加强财务管理，控制风险扩大和避免风险重复发生提供依据。高等学校财务风险预警系统的目的之一就是通过财务指标评价的事前、事中和事后反馈，及时提供预警信息，以利于高等学校据此进行调控，预防风险的发生或进一步扩大，避免同类风险的再度出现，保证高等学校财务状况处于良好的运行之中。

第四，为社会公众进行财务分析提供依据。在高等学校资金来源中，捐赠是其重要的组成部分。捐赠者可借助于高等学校财务风险预警系统提供的资料了解学校有关资金的使用情况。其他社会公众也可凭此分析、评价学校的财务管理状况和水平。

三、高校财务风险预警系统的建立原则

建立高等学校财务风险预警系统是为了满足学校自身及其他方面的管理需求，以求快捷、方便、准确、及时地了解财务运行状况，作为一项系统工程，在建立过程中应遵循一定的原则。

1.预测性原则

系统对高等学校财务风险的监测要有分析发展趋势、预测未来的作用。高等学校的管理成效最终通过财务信息反映出来，预警系统要从众多的财务指标中选取一系列能敏锐反映高等学校财务状况且独立性高、补充性强

175

的指标，运用数学方法测算出高等学校管理绩效的综合指数，从而让大家认识、了解高等学校的发展现状。

2.统一性原则

高等学校财务风险预警系统应以现行的会计核算体系为基础，在收集信息的范围、方法、口径上应统一，以保证判定结果的可比、准确和连续。

3.动态连续性原则

高等学校财务风险预警系统能及时预测风险出现的情况，发出警报，亮出红黄牌，但它监测的是高等学校一个动态连续的管理过程，系统也只有坚持动态连续性的原则，才能不断修正、补充，确保先进性，把握未来发展的趋势。

4.实时性原则

高等学校要准确、及时地预防财务风险的发生，尽可能地减少或避免经济损失，就要求高等学校财务风险预警系统必须要敏捷、实时地采集信息，分析信息，判断信息，发出预警。

第二节　高校财务风险预警系统的总体设计

随着"以财政拨款为主，其他多渠道筹措教育经费为辅"的教育经费投入体制的确定，高等学校作为事业单位独立法人，依法享有民事权利，同时承担民事责任。因此，多渠道筹措经费、统筹调度运用资金、提高资金使用效益、不断增强学校自由财力、形成良性循环，已成为保证学校稳定运行和改革发展的重要条件。高校经费投入受到国家宏观经济政策、企业经营状况、金融形势等外界因素影响较大，难以保持稳定增长，在外界因素发生重大变化时，往往表现出明显的波动性。而各校又要抓住机遇，加快发展，将学校或重点学科建设成世界或中国一流的大学或学科。在国家对教育经费投入不足，资金供求矛盾相当突出的情况下，我们必须充分利用资金的时间价值，合理调度资金，加快资金的周转。当然，合理调度资金绝不意味着无度使用资金。那么，合理调度资金如何掌握？风险如何？利用现行的会计核算体系提供的信息资料，建立财务风险预警系统，对于主管部门掌握学校财务状况，加强宏观管理，对于高等学校自身加强财务管理，预测风险，科学决策，统筹调度，合理运用资金，保证收支平衡，具有重要的现实意义。

高校财务风险预警系统的基本功能和构建的原则在上一章已经介绍过，下面主要讲述高校财务风险预警系统的监测对象和高校财务风险预警系统构建应注意的问题。

一、高校财务风险预警系统的监测对象

众所周知，高等学校是一个规模庞大、独立的事业法人，除了教学及科研部门外，还有校办产业、医院、食堂、基建部门、维修部门、附属中小学、基金会等职能部门和附属单位，是一个"小社会"。这些附属单位有的是独立法人，有的不是，但作为高等学校的一部分，这些单位的财务收支又与整个学校的财务运行密切相关。如维修部门的财务收支是学校整个财务收支的组成部分；校办产业的收益是学校自筹资金的来源之一；附属中小学、食堂、医院是学校资金补助的对象；基建投资是形成学校固定资产的主要来源；基金会资助补充了学校教学科研活动经费的不足。这些

附属单位或部门的财务状况与学校总的财务状况密切相关，但预警系统是否应以整个学校的所有经济活动为监测对象呢？

事实上，校办产业、基金会、附属中小学的经济业务相对独立，经济运行自成体系，其日常经营决策学校不予干预，重大决策通过董事会、理事会或行政权力加以影响，所以上述单位的财务活动与整个学校的财务状况有联系，而且有的还有较大影响，但作为一个独立运行的经济实体，我们不宜将它们纳入本监控系统。至于基建投资，由于我国财政体制和投资体制的关系，长期以来作为一个部门，独立于学校财务管理和会计核算体系之外，其管理方式和核算办法自成体系，所以本预警系统也不将其作为监测对象。虽然不将校办产业和基建投资的整个运营情况纳入监测系统，但是由于二者的负债达到一定程度时将对学校整个财务状况产生连带影响，所以我们应当适当考虑二者的责任风险。根据实际情况，本预警系统选择与高等学校主体经营活动，即与教学、科研及其辅助活动有关的财务收支状况作为本系统的监测对象。

《高等学校财务制度》规定，规模较大的学校实行"统一领导、分级管理"的财务管理体制，这对强化管理，提高效益，调动广大教职工的积极性，是卓有成效的。本系统之所以没有对学校财务状况进行分级分析，而是将学校的主体经济活动作为监测对象，主要是因为校、系财力对学校整体而言，都构成自有资金，如果校级财力不足，学校完全可以通过行政手段或经济政策调整，将各级资金集中起来统筹安排。所以，本系统只是将学校作为一个整体进行监控，反映学校的总体财力和调度能力，不考虑学校内部的资金分析。不过，对于实行分级管理体制的学校内部管理而言，由于学校财力由校级、系级、项目等多级次构成，形成财力支配权也是多层次的，只有各级收支平衡，才能保证整体收支预算的平衡，因此，需要掌握各级财务状况，势必要分级次进行分析。例如，校级财力占货币资金的比重如何，动用程度如何，占用其他资金的程度应如何控制，警戒线设在何处，这些都需要做更深入、更细致的分析。

二、高校财务风险预警系统构建应注意的问题

预警系统本身是对过去一段时间内高校经济运行的一种评价，对未来的发展趋势的一种预测，是一种诊断，而不是一剂用来"治病"的良方。各个学校通过预警系统分析学校财务状况以后，对超出警戒线的指标必须认真分析原因，采取措施改善财务状况。预警系统中设计的指标发生问题，往往是学校现有财力与发展速度产生矛盾造成的；连带风险大，一般是校办产业经营管理出现问题和基建投资不足、基建规模过大造成的。为解决这些问题，保持良好的财务状况，在日常财务工作中应坚持做到以下几点：

1.坚持收支平衡

在编制综合预算时，应坚持收支平衡的原则，正确处理经常性支出与建设性支出的关系。所谓坚持收支平衡，指积极的、动态的平衡。在年度预算执行过程中，实际收入大于预算收入时，应相应安排必需的底部支出预算；实际收入小于预算收入时，应相应削减支出预算，在动态中保持预算支出平衡。

2.坚持经济效益

在投资决策时，应坚持经济效益的原则，正确处理资金需要与资金供应、眼前利益和长远利益的关系。经济决定财政；只有经济发展了，财政才会充裕。为了使学校自有财力不断增长，势必要有一定的投入，培育财

源生长点，所以，在一定时期内有一定的超前投入，并非完全不可取，关键是，一定要对投入和产出、成本和效益进行充分的可行性论证，充分考虑近期学校财力的可能和未来的收益回报，慎重决策，适度投入，跟踪监督，回收收益。只有这样，才能形成良性循环。

3.坚持有借有还且借款有息

在借出款时，应坚持有借有还、借款有息的原则，正确处理借款规模和还款周期的关系。对于无偿还款能力的财政性垫款，不能作为借款长期挂账，造成隐蔽性赤字，应该在编制预算时统筹安排，逐步解决。

4.坚持统一领导和分级管理相结合在财务管理体制方面，应坚持统一领导、分级管理的原则。正确处理财权适当下放和财力相对集中的关系，这是加强宏观调控能力的重要方面。

第三节　高校财务风险预警体系的建立

一、高校财务风险预警系统预警界限的确定

在阅读的大量文献中，发现大部分专家、学者主张在确定预警界限时应严格一些，适当提高警戒标准，为改善财务状况留出一定的空间。这就像交通信号管理系统一样，以亮出黄灯为预警，有一个提前量，当红灯闪烁时，应是一种禁行信号，表明财务状况已到非改不可的地步。基于这种考虑，指标预警界限确定如下：

1.支付能力

高等学校经费来源中稳定性、可靠性最强的渠道是国家拨款，包括教育经费和科研经费拨款。拨款一般根据预算按季度下达，所以我们将现实支付能力的警戒线划在 3 个月。一般可供周转月数低于 3 个月时，就存在无支付能力的可能，应尽快采取措施，增加货币资金存量，压缩支出。

2.年末货币资金结构

年末资金结构分析的是年末自有资金、非自有资金、自有资金净余额占货币资金的比重，自然是自有资金所占比重越大越好。但是，警戒线的确定，应有一个量化指标。一般说来，自有资金与非自有资金分布均衡较为理想，即如果自有资金占年末存款的比重低于 50%，应注意采取措施改变资金结构。根据教育部财务司杨周复和南京大学施建军教授主持的项目的研究成果，他们对 1995、1996、1997 年的财务决算数据分析后发现，在财务状况比较稳定的情况下，自有资金占年末存款的比重在 54%-60% 之间。因此，经验数据与理论判断基本吻合。另外，考察一个学校年末资金构成是否合理，也可以参照同类院校平均水平，自有资金占年末存款的比重低于平均数时就应该预警。

3.自有资金的动用程度

一所学校在一定时期内自有资金是有限的，借助非自有资金发展是很正常的，但是能占用多少，则不是没有限制的，必须既保证学校稳定均衡发展，又保证占用资金能及时偿还，不影响非自有资金的使用，这就需要保持适当的动用比例。一般来说，自有资金动用程度在 100% 以内不会造成什么问题，超出 100% 则应考虑偿还能力。根据相关理论分析，自有资金动用程度的安全限度是 100%—120%以下，即占用其他资金的程度不要超过 20%。

4.连带财务风险

校办产业和基建投资的负债率不应超过 100%。若大于 100%，就意味着资不抵债，就可能影响学校的财务状况。

二、高校财务风险预警模型的构建

在已有的文献中，财务风险预警模型的构建对象一般是企业，建模的主要方法是判别分析法，而且是建立在大样本的基础之上的。

在众多的判别模型中又以 Altman 的 Z 计分模型最为出名，应用也最广泛。然而，Z 计分模型虽然在企业已得到普遍采用，但尚没有在高校财务风险预警中成功运用的先例，因此我们不能简单地把 Z 计分模型照搬到高校财务预警系统的研究中来，目前 Z 计分模型在高校财务预警中运用的难点在于：①Altman 的 Z 计分模型采用的都是衡量企业财务风险的指标，其不一定就可以衡量高校的财务风险；②Z 计分模型的判断企业陷入财务困境的临界值是针对企业提出的，不能直接拿来作为衡量高校财务风险的标准；③Z 计分模型的提出其实也是基于判别分析，因此，也需要大样本作后盾；④判别分析需要事先对样本进行分类，而高校财务状况的优劣没有一个明确的界限。

鉴于高校的财务数据属于机密，难于取得，这就为以 Z 计分模型为代表的判别分析法在高校财务中的运用设置了天然屏障。在用前人的研究成果的基础上，拟采用 Z 计分模型的理论模型和模糊综合评价法相结合，作为高校财务风险预警系统的构建方法。采用模糊综合评价法的理由是，高校财务状况的优劣没有一个明确的界限，属于模糊范畴。人为地用特定的分级标准去评价高校财务状况的优劣是不恰当的。此外，影响高校财务状况的因素很多，高校财务状况与影响因素之间以及各影响因素之间的关系都是模糊不清的。因此，在财务综合评价过程中，应用模糊数学的理论和方法对高校的财务状况进行综合分析与评价是可行的。

三、高校财务风险预警系统的构建思路

高校财务风险预警的基本思路是，从资金周转角度，将学校作为一个整体，用现有货币资金存量来分析保证正常支付能力；从资金分配角度，分析现有货币资金存量来源构成，明确学校可支配的自有财力及不能支配的非自有财力所占比重；从资金运用角度，分析资金动用的合理程度和承担风险的能力，从而正确把握动用非自有资金的限度；从主体连带风险角度，分析监测对象以外的因素对主体财务状况的影响，主要分析校办产业和基建投资的负债情况。以上四个方面是相互联系的，通过层层深入的分析，可以反映高校现实的财务状况，在一定条件下，及时发出警报信号，同时揭示存在的问题，预测未来前景，引起领导和管理部门的重视，以便及时采取相应措施，保证资金运作的安全性、合理性和有效性，逐步形成资金运作的良性循环。

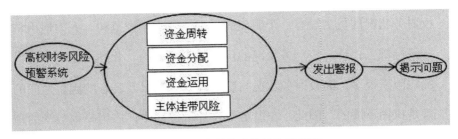

图 8-1　高校财务风险预警系统的构建思路

四、构建高校财务风险预警系统的相关建议

高校财务风险预警系统要充分发挥其预期的功能，形成良性的动态循环，必须从机制上进行系统设计，实现预知、控制、健身等功能。从系统的构成来看，首先要建立健全的组织机制，其次要建立高效的运行机制，另外还要通过预警工作人员的工作职责来保证机制的可行性。

1.建立健全组织机制

为使财务预警系统的功能得到正常、充分发挥，高校应建立健全的财务预警组织机构，高校财务预警系统是对高校现存组织体系的一种进人和补充。在高校财务部门中设立财务预警分析员的工作岗位，这一岗位由财务处长、高层领导、外部财务管理咨询专家等兼任，也可实行专人专职。这种模式的最佳方法是既安排专职的财务预警分析员实施技术性分析的职能，又有分管财务的校领导、财务处长的亲自参与指导，还要有外部专家的咨询协助，"专人负责，职责独立"。这种组织模式的优点在于：由于财务预警工作由财务部门直接开展，因此可以很便捷地获得更全面、更可靠的财务信息作为预警分析的依据，同时也符合经济效益、机构精简的原则。

2.建立高效的运行机制

一项机制的好坏一方面在于其设计的完善与否，另一方面也在于其运行的好坏。对于高校财务风险预警系统，应从以下四个方面来建立高效的运行机制：

（1）建立财务预警的计算机辅助管理系统

构建财务风险预警的计算机辅助管理系统是建立高校财务风险预警系统的重要保障。由于财务风险预警系统较为严格、繁杂，仅靠人力不能达到监控的实时、准确和针对性的要求，因此，必须实施计算机管理，并与财务管理系统软件衔接，进行动态监控，减少数据采集、输入过程中的错误，保证信息质量。具体实施时，我们可借助现代计算机的数据库技术、专家系统技术、综合现代风险管理的具体方法和手段，融数据库管理、模型管理及会计领域专家知识于一体，建立财务风险预警的计算机辅助管理系统，使高校财务风险管理计算机化、智能化，为高校财务风险管理提供科学的依据。当实际值超过警戒值，系统就会自动向系统负责人发出警报，促使经营者及时解决高校出现的问题，防范不必要的风险。

（2）建立财务信息收集和传递机制

财务预警机制的重要前提是建立灵活高效的信息系统，在这个信息系统里关键的是要形成信息收集、传递的完整、快捷的渠道。这个系统应是开放性的，不仅有财务人员提供的财务信息，还要有其他渠道的信息。这个信息系统能提供及时、完整的经营资料和数据，而且还要不断刷新，资料系统不断升级，确保财务信息及时、准确和有效，使高校管理者能以实际经营状况的数据体系与财务指标数据比较。同时预警分析员还必须实施信息收集、处理、贮存和反馈的职能，并向预警系统输送全面、准确、及时的信息提供必要的技术支持。

（3）建立财务风险分析机制

高校的财务风险分析机制是财务预警系统的核心和关键，通过分析可以排除影响小的风险，从而将主要精力放在对高校可能造成重大影响的风险上，经研究分析，找出风险产生的原因，评估可能造成的损失。当造成风险产生的成因分析清楚后，就可以制定相应的措施。当然这是以会计信息的真实性、完整性和及时性为基础的。在一定程度上，高校财务风险预警系统进行的是信息再加工活动，通过对原始信息的性理、分析，向管理者提供直观、有效的决策信息。财务风险预警系统必须以大量的信息为基础，这就要求强有力的信息管理组织机构向预警系统提供全面、准确、及时的信息。要建立信息管理组织机构，配备必要的专业人员，要强化监管和约束，改善会计工作的环境，要明确信息收集、处理、贮存到反馈各环节的工作内容和要求以及信息专业人员的职能，并提供必要的技术支持。

（4）建立财务风险责任机制

责任机制是财务预警系统正常运转的重要条件。要将风险的责任明确到具体的每个人。当发生问题时，能及时找到负责对象，同时与有效的奖惩制度相结合，促使责任人提高警惕。

2.设置财务预警工作职权

财务预警系统组织机制与运行机制都要依靠人的行为来完成，在"以人为本"的原则下对财务预警人员的工作职责进行合理的设置，财务预警分析人员应在既定的职权下密切关注预警资料，根据设置的警戒值认真进行预警分析。值得注意的是在具体设置工作职权时，财务风险警戒值的确定非常关键，设立的警戒值应具有挑战性，不可降低标准，否则就会削弱预警系统的功能。在具体实践中应注意做好以下两方面的工作：

（1）认清形势同时更新思想观念

这是建立高校财务风险预警系统的前提条件。财务管理的宏观环境虽然存在于学校以外，学校无法对其施加影响，但并不是说学校面对环境变化就无所作为。建立财务风险预警系统，高校应对不断变化的财务管理宏观环境进行认真分析研究，把握其变化趋势及规律，并制定多种应变措施，适时调整财务预警政策和改变预警方法，从而提高高校对财务管理环境变化的适应能力和应变能力，以此降低因环境变化给高校带来的财务风险。

（2）增强风险意识同时加强风险教育

这是建立高校财务风险预警系统的关键。要使财务管理人员明白，财务风险存在于财务管理工作的各个环节，任何环节的工作失误都可能会给高校带来财务风险，财务管理人员必须将风险防范贯穿于财务管理工作的始终。因此，首先，高校管理者要充分认识到竞争和风险是市场经济的重要特征，风险无处不在，试图完全避免风险是不可能的。其次，要树立高校师生员工，特别是高校领导者的风险防范意识，加强其风险教育，从根本上杜绝财务风险，保障广大教职员工利益。

高校在自主办学的过程中财务风险会越来越大，但应该相信，通过有效的风险预警系统的建立，定能消除小风险，规避、减弱、控制大风险，从而使高校走上可持续发展的健康道路，继续为国家输送更多、更优秀的合格人才。

第四节　实证研究——以某高校为例

一、某高校的财务现状

本节以某高校的实际案例为基础分析高校财务风险预警模型的具体应用。该高校是一所财经类普通高等院校。学院现有在校学生1万余人，占地面积760多亩。学院现有10个教学系部。学院现有教职工739人，其中专任教师470人，有正高职称教师中教授63人，研究员2人，副高职称教师131人，具有博士学位的教师有23人。作为一所财经类的院校，其主要融资渠道是财政拨款、银行贷款、教育服务收入，除此之外并没有其他的收入来源。

二、某高校的财务风险预警体系建立

1.偿债能力分析

对于该高校的情况，选取流动比率作为分析该高校短期偿债能力的指标，用资产负债率分析该高校的长期偿债能力，如表8-1所示。

表8-1　偿债能力比率比较

年份	2017	2016	2015
流动比率	6.51	13.94	6.36
资产负债率	0.23	0.30	0.27

表8-1显示，该高校的短期偿债能力是非常强的。三年的流动比率都保持在6.00以上，特别是在2016年，其流动比率达到了13.94。但是需要说明的是，虽然高的流动比率意味着该高校对于偿付短期债务非常有保障，但是至少有两点说明这么高的流动比率也反映了一定的问题。首先是，高

校的流动资产并不可能全部用于偿还债务，所以流动比率反映出来的短期偿债能力有一定的局限性，其次，过高的流动比率在某种程度上预示着该高校流动资产的收益率不高，暴露出资产管理不善的问题。

对于该高校的长期偿债能力，其三年的资产负债率都保持在30%左右。就全国的情况来看属于负债程度较高的资本结构。这说明高校在将来可能会面临较高的还款压力。

2.运营能力分析

对于该高校的情况，选取总资产收益率和流动资产构成比率分析该高校的运营能力比率，如表8-2所示。

表8-2　运营能力比率比较

年份	2017	2016	2015
总资产收益率	-0.87%	0.00%	7.89%
流动资产构成比例	0.14	0.11	0.16

表8-2显示，该高校的资产收益率出现了比较严重的问题。这主要表现在2016年的收益率几乎为零，甚至到了2017年，其资产收益率是负数。这主要是因为2017年费用支出过多所导致的，特别是教育事业的费用支出。此外，根据三年的数据，该高校的总资产收益率的波动性非常大，这可能是因为该高校在这几年来经历了不平常的增长，但更主要是因为高校管理者对高校的发展缺乏明确的规划，导致每年的收益率出现了较大波动。

从流动资产的构成比率来看，该高校的这一比率一直保持在0.14左右，具有比较好的稳定性。

3.现金收支能力分析

对于该高校的情况，选取教育事业支出比率和科研事业支出比率分析该高校的收支管理能力，如表8-3所示。

表8-3　现金收支比率比较

年份	2017	2016	2015
教育事业支出比率	98.09%	95.08%	96.84%
科研事业支出比率	1.91%	4.92%	3.16%

表8-3显示，2015年，该高校的教育事业支出占到了96.84%，到2017年达到了98.09%，相比快速增长的教育事业支出，其总资产收益率却逐年下降。这暴露出该高校的教育事业支出存在严重的问题。通过研究支出明细表发现，这三年来办公支出过快增长以及较多的资产购置是教育事业支出过快过高的主要原因。这表明现金支付能力的风险主要是因为该高校不平衡的扩张造成的。

4.运行财务风险预警模型

根据前面论述的 AHP 层次分析法得出的指标权重，如表8-4所示。

表8-4　计算各指标体系权重

目标	一级指标	二级指标	权重
财务	偿债预警指标	流动比率	0.55
风险预警体系		资产负债率	0.45
	营运预警指标	总资产收益率	0.37
		流动资产构成比例	0.63
	现金收支管理指标	教育事业支出比率	0.95
		科研事业支出比率	0.05

其次根据专家评估分别对偿债能力体系，运营能力体系和现金收支能力体系进行打分，得出各个体系的风险级别。偿债预警指标如表 8-5 所示。

表 8-5　偿债预警指标专家打分

二级指标	A_1	A_2	平均分
权重	0.55	0.45	
专家评分 1	84.00	80.00	82.20
专家评分 2	74.00	65.00	69.95
专家评分 3	80.00	70.00	75.50
专家评分 4	65.00	65.00	65.00
专家评分 5	90.00	66.00	79.20
专家评分 6	46.00	45.00	45.55
专家评分 7	58.00	35.00	47.65
专家评分 8	94.00	36.00	81.40
平均分	73.88	61.50	68.31

运营预警指标如表 8-6 所示。

表 8-6　营运预警指标专家打分

二级指标	A_1	A_2	平均分
权重	0.37	0.63	
专家评分 1	66.00	68.00	67.26
专家评分 2	55.00	98.00	82.09
专家评分 3	66.00	54.00	58.44
专家评分 4	54.00	48.00	50.22
专家评分 5	65.00	65.00	65.00
专家评分 6	84.00	44.00	58.80
专家评分 7	56.00	88.00	76.16
专家评分 8	99.00	66.00	78.21
平均分	68.13	66.38	67.02

收支预警指标如表 8-7 所示。

表 8-7　现金收支管理指标专家打分

二级指标	A_1	A_2	平均分
权重	0.95	0.05	
专家评分 1	44.00	65.00	45.05
专家评分 2	45.00	54.00	45.45
专家评分 3	68.00	15.00	65.35
专家评分 4	26.00	65.00	27.95
专家评分 5	48.00	26.00	46.90
专家评分 6	13.00	65.00	27.95
专家评分 7	15.00	45.00	16.50
专家评分 8	15.00	45.00	16.50
平均分	40.50	48.63	40.91

专家打分的结果显示，该高校的偿债能力预警体系的评分是 68.31，属于"高"级别的风险，严重影响预警指标组对应能力；运营能力预警体系的评分是 67.02，属于"高"级别的风险，严重影响预警指标组对应能力；而现金收支能力预警体系的评分是 40.91 属于"中等"级别的风险，将影响预警指标组对应能力的达到。

三、模型运行结果分析及报告

根据模型运行的结果，该高校分别在偿债能力和运营能力方面存在这很高的风险，可能会威胁、该高校正常的教学活动。而收支的管理则不存在影响正常教学活动的风险。

首先,偿债能力。该高校的偿债能力预警体系的评分是68.31,属于"高"级别的风险,严重影响预警指标组对应能力,即该高校可能不能如期偿还到期的债务本机和利息。其中,该高校的长期偿债能力是风险最高一项指标。

根据分级报告的要求,由于偿债能力预警体系属于"高"级别的风险,需要报告该校的董事会或类似的权力机构。

其次,运营能力。运营能力预警体系的评分是67.02,属于"高"级别的风险,严重影响预警指标组对应能力,即该高校正常的教育计划可能受到卜扰,这其中风险最大的指标是资产的收益率。由于没有足够的收益,该高校可能面临在未来的3到5年内,教育资沥跟不上教育支出的问题。

根据分级报告的要求,由于运营能力预警体系属于"高"级别的风险,需要报告该校的董事会或类似的权力机构。

最后,现金收支能力。现金收支能力预警体系的评分是40.91,属于"中等"级别的风险,将影响预警指标组对应能力的达到,即该高校的现金收支出现了增长不平衡的现象。其中现金支出的不平衡增一长将导致短期流动性不足的问题。

根据分级报告的要求,山于运营能力预警体系属于"中等"级别的风险,需要报告该校的中层管理人员,并根据其他相关信息制定相应的政策。

根据以上的分析报告,我们对该高校的财务风险预警机制提出以下改进措施:

1.建立一个完整的指标数据库。高校财务风险管理者要想根据特定的风险选用合适的指标体系就必须建立一个完整的指标体系数据库。高校可以根据自身的特点,按照不同的活动设定相应的模块,再对不同的模块设计出相应的指标体系。在遇到特定的风险时，财务风险管理者就可以很容易从数据库中调用相应的指标来分析特定模块遭到的风险。

2.建立完善的报告制度。高校财务风险管理的目标是将"正确的信息在正确的时间传递给正确的人"。为此，高校财务风险预警工作者必须建立一套完整的自下而上的报告制度，根据风险级别的不同分级报告。对于那些会导致学校经营目标失败的风险必须呈报给学校的董事会或类似的权力机构。对于那些只会影响学校目标实现，但不会导致目标失败的风险因素，只需要呈报给相关的管理部门做出相应的决策就可以了。

3.培养风险管理的专业人才。高校财务风险的预警问题并不是单纯依靠一个模型就能解决的。对风险的判断、指标的提取以及结果的分析都需要专业风险管理人员的判断。可以说高校财务风险预警体系是一个人和制度的合集。缺少了任何一方而都不能够完成对高校财务风险的预警。所以本节把对风险管理人才的培养作为最后一条政策建议，希望能对高校建立有效的财务风险预警体系有所帮助。

第九章 基于现金流量分析的高校财务风险评价体系与财务困境预警研究

在我国高等教育由精英教育迈向大众化教育的跨越式发展进程中，资金供给短缺与经费需求膨胀的矛盾十分突出，高校财务风险日益加剧：日常运营活动中因预算管理不善引发运营风险；资金用于校办产业以及其他投资引发投资风险；新校区建设产生大量银行贷款引发筹资风险。在将银行贷款作为重要资金来源渠道后，还债压力导致高校财务风险频发，在事业收入一定情况下，利息支出的增加必然挤占人员经费和其他办学经费，贷款本金的偿还必然占用当期现金额度，大规模现金短缺或断流已影响到高校日常教学和科研活动的有序运行，成为制约高校可持续发展的关键性问题。

与成熟本科院校相比，湖南省新升格本科院校刚处于起步期，预算拨款不足、高校自筹能力弱和管理不善等问题更加突出。预算软约束和财务治理结构缺陷决定其财务风险的界定应紧密围绕现金流量产生时间和数量的不确定性。如何有效地防范和化解此类高校的财务风险，对风险形成机理做出合理的解释，对现金流入、流出的管理有效实现动态控制，进而建立一套行之有效的风险预警机制，对保证新升格本科院校财务健康具有重要意义。

因此，基于现金流分析视角，通过现金流量表设计的分类分层现金流收支平衡动态信息，建立一套完整科学的财务风险预警理论模型，在财务风险发生前及时捕捉征兆并采取控制措施保障资金顺畅，已成为当前湖南省新升格本科院校内涵式发展过程中实现全面动态风险管理亟须解决的重要课题。

1.研究思路

首先，依据翔实数据和文献资料剖析湖南省新升格本科院校集体性财务危机的形成过程和阶段特征；其次，分析影响财务风险形成的短期和长期因素，论述预算软约束和财务治理缺陷是风险形成的深层原因；然后，结合湖南省新升格本科院校资金管理的特点，从现金流分析视角提出我国高校财务风险特征和警兆之间的内在联系，阐释通过传统财务数据异动预测现金流量短缺的内在机理，构建财务风险预警理论模型；接着，提出符合高校资金管理特点的现金流量表设计方案；最后，依据财务风险预警理论模型，设计反映运营活动风险、投资活动风险和筹资活动风险三维指标体系，利用 SPSS 统计软件对湖南省新升格本科院校财务风险预警进行实证研究。

2.研究方法

（1）文献研究法。通过查阅文献资料，对湖南省新升格本科院校财务风险预警指标体系和财务风险预警方法的国内外研究现状、特别指标维度的设计理念和预警理论模型的变量选取进行梳理，为课题研究提供理论指导。

（2）调查研究法。通过问卷和访谈方式，获得在对湖南省新升格本科院校财务风险预警理论模型构建和进行实证分析时所需要的具体数据。

（3）模型构建法。建模前，对数据进行描述性统计和因子分析，提炼影响高校财务风险的主要因素，描述其与财务指标变动趋势之间的关联；建模时，根据数据拟合程度对不同年份模型效果进行检验；建模后，对提取的显著性变量与被解释变量之间的关系进行剖析，验证理论假设的合理性。

第一节　构建高等学校现金流量表体系

一、现金流量的含义及作用

1.企业现金流量

流量，通常被称为现金流量，是现金流四要素中最基本、最常用的要素。它指现金流动的数量的多少，表示企业现金流的规模大小。现金流量综合地反映企业每一项财务收支的现金盈余，是企业经济效益的最直观的体现。

具体而言，现金流量指特定的经济单位在经济活动中为了达到特定的目的而发生的资金流入和资金流出比例。

在市场经济条件下，企业所有交易活动都必须借助于货币的一收一支才能完成。企业交易活动中客观存在的货币收支，反映着企业经济活动的规模及趋向，对企业经营管理与决策活动的过程、结果起着综合反映与控制作用。我们把这种客观存在于企业中（特定的经济单位），能动态反映经济活动并对其起保障与控制作用（特定的目的）的货币收支称为现金流量。严格地讲，这里的货币并不简单指会计上的现金，习惯上，是现金及其等价物的总和。所谓现金等价物，在实务中一般指期限短（一般指从购买之日起三个月内变现）、流动性强、易于转换为确定金额现金、价值变动风险小的各类非现金形态的投资。例如可以在证券市场上流通的、三个月内到期的短期债券投资或者其他证券投资。现金等价物虽然不是现金，但是其支付能力与现金差别不大，可视为现金。简言之，现金流量是企业现金及其现金等价物流入与流出的总称。

现金是企业生命的血液。虽然产品与服务、人力资源、市场营销等都争着要坐企业第一把交椅，但能把这些资源要素盘活的都是现金，恰似血液在支撑着人体所有组织活动一样，所以，现金流量的作用就在于：恰当量与质的现金流量可以支持企业经营运作能够健康快速发展。其具体表现如下：

第一，保持企业的流动性。一个企业的流动性表明企业资源运作的效率，决定着企业的成败；而丧失流动的企业就意味着企业生命即将终结。现金流量是企业提高流动性的基础，改善现金流量就可以增强企业资源的流动性，从而提升企业的竞争力。

第二，反映企业的偿债能力。现金是企业这一有机体正常运行的血液，在经营过程中，筹资活动是经常发生的，而举债又是一种主要的筹资方式，决定举债筹资能力的最主要因素是举债能力。现在评判企业的偿债能力的指标已经不再是传统上的资产负债率，而是有关现金的指标，就是说，现金流量的充足程度是决定企业偿债能力的最关键因素。因此，企业是否保持正常的现金流量和持有充足的现金便从根本上决定了企业能否在资金市场上以最低成本筹集到所需资金。

第三，体现企业的盈利能力。虽然长期以来，会计利润是企业经营活动关注的主要内容，并成为衡量企业盈利能力的主要指标，但由于会计利润在确认与计量方面容易受实务操作的致命弱点，使得比较客观的现金流量指标在反映企业实际盈利方面比会计利润指标更能够为实务界所接收。

第四，赋予企业长期发展能力。企业拥有正常的充足的现金流量是企业长期发展的保证。良好的现金流状况可以减少公司的经营风险，同时可以降低企业的经营成本，提高竞争能力。企业的经营活动是一个包括材料采购、产品生产、商品销售以及售后服务在内的有机系统，任何一个环节出现停滞都会影响到整个经营链的正常运转。现金流量对这个系统中的材料采购环节的影响最为明显。材料采购是一个企业运转的基础，不能正常采购原材料便无法进行后续工作。虽然目前的市场结构类型属于买方市场，但是在每一个企业都重视现金流量的情况下，供货方会极力要求通过现销的方式完成交易，即使在赊销时，也首先考虑企业的付款信誉，说到底就是现金首付信誉。因此，企业的正常现金流量和现金持有量就是供货方首要考虑的因素。在风险普遍存在的竞争型市场上，为了保证企业的持续稳定经营，现金流量非常重要。

2.现金流量的本质

近年来，随着人们对会计利润这个指标的局限性的认识增多，现金流量信息得到了越来越多的重视。很多学者主张以现金流量作为企业财务管理的核心。他们研究的出发点是企业的各种财务管理活动，即先将企业的财务管理活动分为筹资、投资、分配、业绩评价等方面，然后再考察现金流量在这些活动中的应用。这种分析思路所体现的思想是：现金流量的本质是一种评价指标，提供财务管理活动的相关分析。但是，这种观点只是对现金流量的基本作用的认识，并没有揭示现金流量的本质。

现金流既是一种管理概念，也是一种管理工具。现金流量作为现金流的要素之一，其本质应该是企业在进行经济活动时的一种调控和管理手段。这主要体现在如下方面：

第一，现金流量是一种特殊的经济资源。现金流量在企业的经济活动中可以直接或间接地提供或者换取企业生产经营所需的要素，是一种经济资源。它同一般的经济资源一样，都具备有用、有价值和增值等共同属性。除此之外，它还具有如下特点：综合地反映一个企业的实力，更具有信息含量；更为灵活、便捷地与其他类型的经济资源发生转化；相对会计利润而言，更具客观性，避免主观性。

第二，现金流量作为一种经济资源，企业在经济资源分配上要全盘考虑，保持现金流量在企业中的整体平衡和三大财务活动中的平衡。因此，这样的一种经济资源可以引导企业在进行经济活动，尤其是经营、投资、筹资活动时，进行相应的管理与调控；反之，企业也将现金流量作为管理和调控的手段，通过建立现金管理控制体系来构建以现金流量为核心的财务管理目标体系。那么企业的财务如何实现现金流量对企业活动的管理和调控呢？这主要是通过建立现金流量指标体系来实现。

3.高校现金流量及其分类

一定时期内，高校收入现金和支出现金的规模称为现金流量，包括现金流入量和流出量。高校现金流量的分布按照不同来源又可分为运营活动现金流量、投资活动现金流量和筹资活动现金流量。参照国际会计准则和高校资金管理内容，将高校现金流量划分为三个组成部分。

（1）运营活动产生的现金流量

由于运营活动（Operating activities）内容丰富，不同行业对运营活动的认定存在较大差异，参考会计准则采用排除法可将高校运营活动定义为"投资活动和筹资活动以外的所有交易和事项"。它基本涵盖了高等学校三个职能——培养人才、科学研究和社会服务，是高校赖以生存的基础。高校收入和支出绝大部分内容属于运营活动。根据高校对资金是否具有统筹安排自主权，可以把运营现金流分为限定性和非限定性两类。

（2）投资活动产生的现金流量

投资活动（Investing activities），指高校长期资产的购建和不包括现金等价物范围内的投资及其处置活动。长期资产指固定资产、无形资产、在建工程、其他资产等持有期限在一年以上的资产。高校投资活动即包括实物资产的投资，也包括金融资产的投资。

投资活动的现金流入指对长期资产和对外投资的处置得到的现金，如固定资产出售所得，无形资产转让所得，处置土地得到财政返还的部分，将校办产业或其他对外投资（除现金等价物外）转让的所得等，这部分收入有限。

投资活动的现金流出指高校基本建设、固定资产购置、固定资产更新和改扩建、无形资产取得、对校办产业的投资和其他对外投资等活动引起的现金流出。

（3）筹资活动产生的现金流量

筹资活动（Financing activities），指导致高校净资产及债务规模和构成发生变化的活动。其中，债务指对外举债，包括向银行借款、发行债券以及债务本息偿还等。

筹资活动的现金流入，主要包括高校对外举借的具有融资性质的贷款。从国家财政获得的拨款只要不声明是对高校的投资，就不能列入筹资活动，应属于经营活动。

筹资活动的现金流出，主要指贷款的本金和利息的偿还。

现金流量表按照经营活动、投资活动和筹资活动进行分类报告，目的是便于报表使用人了解各类活动对高校财务状况的影响以及估量未来的现金流量。

二、高等学校编制现金流量表的必要性

随着我国教育体制和经济体制改革的不断深入，高等学校正在逐步转变成为面向社会，独立办学的法人实体，而不再单纯是政府机关的附属单位。在市场经济条件下，高等学校收入来源形式和渠道呈多元化趋势。"财、税、费、产、社、基、科、贷、息"九个渠道已逐步形成了高等学校依法多渠道筹措经费的格局。特别是在高等学校办学经费不足和不断扩大招生规模的压力下，贷款也成为各校重要的筹资方式之一。《高等学校会计制度》引进了负债的概念，就是为了强调和重视对负债的管理，树立效益意识和风险意识。为了提高高校的财务管理水平和资金运用能力，实现高等学校的可持续性发展和高水平建设，高等学校编制现金流量表已显得十分必要，主要表现为以下几方面：

1.现金流量表的编制有利于加强高等学校的财务管理，提高学校的资金调动能力以及学校资金的使用效率

在我国高等教育迅速发展的过程中，一方面，由于高等学校办学规模的扩大，现金流动不仅总量增加，而且内涵也在不断变化，已经由过去单

一财政拨款过渡到以财政拨款为主，教学、科研等事业收入、经营收入、投资收益、捐赠收入为辅的多渠道办学资金来源；另一方而，高等学校从教学、科研向教学、科研、产业一体化发展，经济活动日趋复杂，现金流动的方向和路径有较大的变化。现金流量表包含了现金及现金等价物在事业活动产生的现金流量、投资活动产生的现金流量、筹资活动产生的现金流量几部分，高等学校通过编制现金流量表，可以直接揭示高等学校事业活动、投资活动和筹资活动对现金及现金等价物的影响，实现加强现金流动管理的办学要求，并且有助于预测未来产生现金及现金等价物的能力。同时针对目前一些高校存在货币资金使用效率低、沉淀资金多，而管理层又觉得缺乏足够资金调动能力的情形，现金流量表可以提供更多的财务信息，对资产负债表、收入支出表起到补充说明作用，有利于学校更好地进行资金运筹。编制现金流量表可以获得最直观、最准确的现金流动信息，最大限度地提高资金的使用效率。

2.现金流量表的编制完善了高校财务报表体系和综合预算体系

首先，高等学校编制的收入支出表不能反映高等学校完整的现金流，例如，银行贷款通过借入款科目反映，固定资产变价收入、出售职工住房收入在专用基金科目中核算，学费住宿费等预算外资金收缴时，不能直接反映为收入；其次，按照现行《高等学校会计制度》要求，存在部分收入和支出没有直接反映在收入支出表中的情况，例如，专用基金现金流入流出、事业基金现金流入和贷款基本建设支出等等；第三，目前高等学校在会计核算中存在部分内容按照权责发生制核算的做法，比如计提的职工福利费、学生奖贷学金以及科研收入中计提的管理费等，在没有现金流出的情况下，直接记作支出并反映在收入支出表中。因此现金流量表的编制是对目前高校财务报表体系的有力补充。另一方面，现金流量表的编制也是对高等学校综合预算的有力补充。高等学校不核算成本、利润，强调预算管理。高等高校预算编制范围经历了计划经济条件下单一财政拨款支出预算，社会主义市场经济条件下的校级综合财务预算以及白校级综合财务预算向涵盖学校除产业外全部资金收支的综合财务预算的过程。尤其是1998年以来高等学校的扩招，高校在快速发展的同时，伴随而来的是在资金筹措等方面面临的压力，国家财政拨款的增长速度，远远跟不上学校发展的要求，高等学校依赖借贷发展，用未来的钱做现在要办的事，来弥补国家拨款的不足，但这部分资金的现金流入和流出，都无法在高等学校综合财务预算中反映，急需通过另外一种方式来弥补综合财务预算的不足，现金流量表正好可以弥补这一缺陷，可全面地反映高等学校的现金流最。

3.现金流量表的编制有利于高等学校有效地规避财务风险

现金流量表所揭示的信息，有助于高等学校对资金安全性、流动性和财务风险进行分析。高等学校虽然是非营利性机构，但同样存在着资金的安全性、流动性和财务风险的问题。加强对高等学校现金流量的研究，重视现金流量表信息，就可有效地规避财务风险，有利于改善和加强学校的宏观财务管理。

4.现金流量表的编制有利于全面、客观地评价高等学校的财务管理工作

随着计算机在财务会计工作中的广泛应用，财务人员逐步从日常繁杂的会计核算中解脱出来，这为财务工作从核算型向管理型转变提供了条件。同时由于财务管理软件的不断完善、财务人员的素质不断提高，使得加强财务管理成为可能。高等学校财务管理的目标在于提高资金的使用效益，而现金流量表反映高等学校现金及现金等价物增减变化的信息，通过对现

金流量表进行分析可以了解高等学校管理当局的理财过程和理财结果，有利于全面、客观地评价高等学校的财务管理工作。

由此可见，高等学校参照企业现金流量表准则的基本原理，编制具有高等学校特色的会计报表——现金流量表是非常必要的。

三、高等学校现金流量表的设计

1.设计原则

结合高等学校自身的特点，编制高等学校现金流量表时应遵循以下原则：

（1）以现金及其现金等价物为基础进行编制。这里的现金指高等学校的库存现金、可以随时支付的银行存款、其他货币资金。现金等价物指高等学校持有的流动性强、期限短、易于转换为现金，且投资风险很小的短期投资，也包括虽然不能直接支付，但可以在短期内变现或通过抵押的形式贷款变现的定期存款。

（2）分类反映原则。为了给会计报表使用者提供有关现金流量的信息，并结合现金流量表和其他财务信息对高校的财务状况做出正确的评价，现金流量表应当提供高校事业活动、经营活动、投资活动和筹资活动对现金流量的影响，即现金流量表应当分别反映事业活动产生的现金流量、经营活动产生的现金流量、投资活动产生的现金流量和筹资活动产生的现金流量的总额以及它们相抵后的结果。

（3）现金流入与现金流出分列原则。由于高等学校在收入来源及其构成、支出核算的内容和方法、结余形成及其分配等方面有自己的特点，其现金流量的分类与企业不能完全一样。具体地，现金流入应按现金来源渠道分列，现金流出应按支出内容分列，这样可清楚地反映各种来源渠道的资金数额，清楚地反映教学、科研等活动的实际支付金额。

（4）总额反映与净额反映灵活运用原则。为了提供现金流入和流出总额的信息，现金流量表一般应按照现金流量总额反映。一定时期的现金流量通常可按现金流量总额或现金流量净额反映。现金流量总额指分别反映现金流入和流出总额，而不以现金流入和流出相抵后的净额反映。现金流量净额指以现金流入和流出相抵后的净额反映。但现金流量以总额反映比以净额反映所提供的信息更为相关有用。因此，通常情况下，现金流量应以其总额反映。但是，下述情况可对现金流量以净额反映：一是某些金额不大的项目，二是不属于高校自身业务的现金流量项目。

（5）重要性原则。对高等学校本期现金收支有重大影响以及虽然不涉及本期现金收支，但影响学校财务状况或可能在未来影响学校现金流量的重大投资、筹资活动，应在报表附注中加以说明。本来，不涉及现金的投资和筹资活动不应反映在现金流量表内，因为这些投资和筹资活动不影响现金流量，现金流量表中不反映不涉及现金的投资和筹资活动是与编制现金流量表的目的相一致的。但是，如果不涉及现金的投资和筹资活动数额很大，若不反映将会导致一个有理性的报表使用者产生误解并做出不正确的决策，这时，就需要在现金流量表中以某种形式恰当地予以揭示。

2.设计方法和设计目的

（1）设计方法

①充分借鉴企业现金流量表的格式

由于国内高等学校乃至事业单位目前都不编制现金流量表，没有现成的理论可以依据，要充分借鉴企业现金流量表的格式。

②充分考虑高等学校的特点

③充分满足相关方面的管理需要

编制现金流量表首先是高等学校内部管理需要，能够满足高等学校各个层次人员管理需要，比如，学校校级领导、院系领导以及财务人员的需要等等；其次，还要考虑主管部门、联合办学的投资者、贷款银行以及学生和家长等方方面面的需要。

④借鉴国外政府及非营利组织现金流量表的编制方法

我国的高等学校与国外政府及非营利组织既有相同的一面，又有不同的一面，既有区别又有联系。相同的是它们都与企业不同，不以营利为目的，其收入主要来源都是各级政府部门的拨款和学杂费收入等。不同的是国外政府及非营利组织（包括高等学校）管理体制和会计核算的基础不同，国外多数采用权责发生制，固定资产计提折旧，捐赠收入和资本运作收入在其收入中占有较大比重。

（2）设计目的

设计的现金流量表要能够通过现金的流动，清晰、准确地反映高校各项收入的来源渠道和货币支出的真实情况，反映高等学校现金流入和流出的全貌及理财的结果，从而使报表使用者更详细、准确地了解和评价高等学校现金流动的状况和获取现金的能力；有助于报表使用者对学校的现金支付能力、偿债能力以及学校对外部资金的需求做出较为可靠的判断；可以用来预测学校未来现金流量；便于和国际惯例接轨。

第二节　基于现金流的高校财务风险评价体系构建

一、现金流量模型构建基本步骤

1.现金流量模型

现金流量模型能够综合反映高校资金的流动情况，可以衡量高校资金的平衡状态，并根据高校投资和筹资活动找出产生引导高校风险的因素，将其作为研究对象，采取改进措施。因此，在构建现金流量模型中必须结合高校的整体运行情况，将涉及所有现金流动和投资、筹资汇总到一起。同时，针对高校日常运营的活动分条列出基本组成部分，并对应地给出现金流量情况。此外，编制现金流量表要发挥资源优势，借助现有报表体系，与各种统计报表建立紧密的连接。

2.现金流量表的基本内容。

校现金流量主要包括库存现金和银行存款，通常不包括高校内部一些流动性较大和价值较小的资产。本节主要以库存现金和银行存款来分析，基本内容包含筹资、投资和日常运营活动等的现金流量，主要反映现金流量总体构成。附表主要包括日常运营活动的现金流量。编制主表主要根据资产负债表进行，具体包括：筹资产生的现金净流量、投资产生的现金净流量、日常运营活动产生的现金净流量以及总体现金净流量。其中，筹资产生的现金净流量具体指在当今年的贷款数和相应贷款本年利息支出所涉及的现金流量，投资产生的现金流量具体指在校内基础建设和对外投资所涉及的现金流量，日常运营活动现金流量具体指在科研、教学以及技术服务涉及的现金流量，总的现金净流量主要是以上各个方面的现金流量净流量的总和。编制附表主要根据收入支出表，根据项目性质划分主表中的"本期运营收支结余"。同时，按照高校资金统筹情况安排自主权，再以"限定性"和"非限制性"两种性质的现金流量来反映专项经费和基本运行的现金结余状况。此外，针对调整"专业基金"和"事业基金"来获得"本期运营收支结余"。

3.现金流量表的模型架构。

以上分析可以得到高校现金流量模型，如图9-1所示。由图9-1可以看出，第一层为高校现金流量的总体分布情况，若该值为正则说明现金收支结余，在该年度高校净资产为正增长；若该值为负则说明现金收入小于支出，在该年度高校净资产为负增长。第二层为第一层的直接影响因素，也就是导致高校财务风险的原因。第三层则具体联系高校的各项资金活动，阐释更为具体的影响因素。其中，日常运营活动产生的现金净流量主要包括非限定性收支净额、限定性收支净额及调整项；投资活动产生的现金净流量包括对外投资、固定资产与无形资产以及结转自筹基建；筹资产生的现金净流量包括利息和借入款。

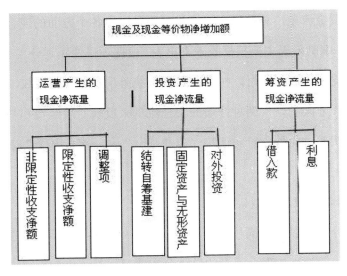

图 9-1　高校现金流量模型示意图

二、高校财务风险评价规则构建

1.构建思路

高校财务风险评价旨在快速揭露高校资金运动中存在的风险，强化对高校资金的管理。作为分析风险的工具，更着重于对过程进行管理，着重于防范风险而不是补救风险。因此，尽管要揭露出由现金流中断而引起的财务风险，然而此文构建的评估财务风险的体系更偏重于在风险累积进程里表现的各项表面特征，从而能更好地预警和监管风险预警与监管。当构建评价规则时有两个核心需要引起注意：一是对风险进行分类评价；二是对风险进行等级评价。

分类评价需要选择部分评价指标以便反映高校总体运行状、日常营运状况、投资状况和筹资状况；等级评价需要依据风险的危害性定性划分。

与目前评价财务风险较多使用的排序评价法相比，此文的评价方法能同时显示财务风险的总体状况和在风险等级下各资金活动情况。

整体来说，评价规则的思路应当按照首先划分风险、再经由阈值和判别过程来划分等级。图9-2反映了它们的关系。具体来说，在风险分类阶段要捕捉到能反映各项资金活动风险情况的评价指标；在划分和判别风险等级阶段要捕捉到能够进行风险等级划分的阈值和判别步骤，并以此评估出高校的风险状况。此外，在高校发展过程中，高校的财务风险具有阶段性的特点。主要表现为在不同时期，度量每项资金活动中的风险指标在侧重点上有所不同，同样的，风险表征也呈现出此种阶段性的特征。所以，与之对应，风险指标能够进行调整和变动，然而选取风险指标和表征风险等级具有同一性。在紧随其后的规则构建里，此文章简洁地制定了分类风险和划分以及判别风险等级的过程，目的在于着重诠释风险评估体系中的原理。

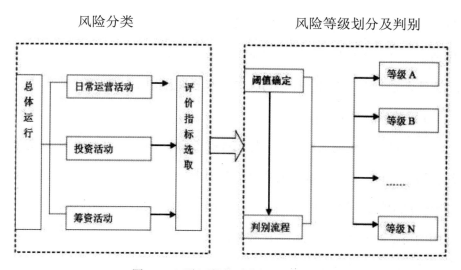

图 9-2　风险评价体系的规则构建思路

2.选取分类评价指标

通过观察分析高校的财务实践，对日常营运风险、投资风险和筹资风险起决定作用的是营运非限定性收支平衡情况、限定性收支平衡情况、自筹基建支出情况和贷款利息支出情况等，所以可选取如下最具代表性的评价指标：一是总体运行风险。可采用"期初现金余额+本期运营收支结余"指标。指标如果为正，表明高校能确保收支平衡，资金周转正常；指标为负，表明高校现金周转存在问题。二是日常运营风险。考虑到日常经营中资金具有不同的性质，高校之间运营风险所具有的可比性，各自采用"限定性收支净额""非限定性收支净额"和"非限定性收支净额和本期运营收支结余的比值"这三个指标。三是投资风险。因为高校日常经营收支结余的资金和用于基础设施建设支出的资金相匹配，所以当判别自筹基建支出是否合理时，采用"投资和暂付款的现金净流量占本期运营收支结余的比重"这一指标。四是筹资风险。由于存在众多因素影响高校贷款，此外每年高校偿还的本金数额无规律可循，因此没有分析贷款额，而是仔细考虑利息支出和贷款总额的密切联系以及由利息支出产生的刚性需求由日常运营结余来安排，所以选择"利息支出占运营支出的比重"这个指标。

3.设计风险等级

依照风险程度的高低顺序，把高校财务风险分为绿色、黄色、橙色和红色四个等级。每个等级下面资金活动的表征是：一是绿色等级。这是高校财务风险等级里安全性最高的一个等级。在此等级中，高校谨慎管理各方面的资金，应对风险的能力比较强。总体运行稳健，现金周转正常。二是黄色等级。此等级下财务风险渐进积累并开始呈现，总体勉强可以稳健运行。自身能够支付支出的贷款利息和自筹基建，然而将结余的资金安排到其他管理活动比较困难，需要一些贷款才能保障。开始出现非限定性收支净额，赤字比较少，依靠挤占限定性收支结余才能得到缓解。三是橙色等级。此等级中，高校具有明显的财务风险表征，为确保其正常运营，需要利用相当一部分的沉淀资金，为了填补资金缺口，需要申请银行贷款，然而总体稳健的运行。实际的财务负担主要是由支付贷款利息造成的，需要银行贷款来满足自筹基建支出，同时贷款还要满足其他管理活动的需要。限定性收支净额尽管有结余，然而非限定性收支净额却难以保持收大于支。四是红色等级。此等级下，财务风险达到最高，高校总体运营已然难以保持收支平衡，现金周转困难。发展到该等级的原因有两种：一种是以橙色等级为基础，财务状况呈现并进一步恶化。另一种是由于某项资金运动陷入困境，例如在日常运营里，非限定性收支净额亏空巨大，限定性收支净额呈现赤字；在投资活动里，自筹基建支出惊人地达到运营收支结余的数倍，高校申请并利用了数额巨大的银行贷款；在筹资活动里，高校运行只能借助于贷款，不断借债还债，高校营运的主要支出是利息支出。因此，应用绿色、黄色、橙色和红色等级来体现高校财务风险的安全和危害度时，能够得出高校的风险等级和评价指标匹配这个结论。

4.确定划分等级的阈值及判别流程

为了划分不同的等级，需要确定评价指标阈值。如何选取阈值个数和划分等级的数目关系。对于上文所划分的四类风险等级来说，在理论上各项评价标准需要确定三个阈值。通常要借助于通常依据科学的统计理论和方法来选择阈值。划分等级的过程实质上是按照整体到部分的顺序考察高校财务风险，总体运行未出现风险并不意味着贷款、投资和运营方面无风险，然而总体运行如果呈现风险，必定说明它管理资金的活动具有很大的风险。所以，判别等级要完成三个步骤：一是初步诊断总体运行风险，识别高校是否首先进入红色的等级范围；二是诊断各项资金活动所具有的风险，将本身的财务状况和对应的评价指标的阈值进行对比，以此分析各类风险的等级状况；三是综合诊断，全面考虑总体风险和各类风险的等级后果，以便最终确定高校的风险状况。通常而言，总体风险等级和每一类风险等级里的最差等级决定高校整体的财务风险。

三、高校财务风险评价建议

1.增强财务风险意识

高校的资金量运行较大，高校"报账记账算账"的"核算型"财务已不适应高校的快速发展。在教育环境的转变下，高校的财务管理环境发生了较大的变化，由原来完全依赖国家财政拨款转变为风险管理模式。在多种因素的影响下，高校财务管理面临着较大的风险，且这种财务风险存在于资金活动的各个环节。所以，高校应加强财务管理，加强资金管理内部控制建设，重视财务的预算、控制、分析、决策能力，提高资金管理水平，及时规避和防范风险。

2.优化资金结构，加快资金周转速度

资金关乎高校的生存和发展。增强高校的资金支付能力，不仅要增加资金供给量，更重要的是要提高资金质量。而高校一直以来应收及暂付款所占比例过大，长期挂账现象严重，影响了资金的使用效益。为此，特提出如下对策：第一，高校应完善制度建设，明确应收及暂付款各方工作职责，将清账进行制度化管理，补充坏账的确认及资产损失经济责任追究制度；第二，高校应建立内部控制，规范审核报销人员对应收及暂付款的报销流程，加强会计核算和监督职能，把好拒绝坏账的第一关；第三，创新应收及暂付款管理手段，推行公务卡结算方式，降低借款频率，减少应收及暂付款发生额；第四，做好应收及暂付款的催报清账工作，加快资金周转速度，提高资金使用效益。

另外，高校的其他应付款也存在长期挂账的现象，影响高校收入及时入账，造成收入核算不真实、不完整，容易导致单位违规操作，甚至造成资金流失。高校不能只重视单位经费拨入和支出管理，还应加强对"暂存款"账户的管理工作，做好"暂存款"的及时清理工作，联系经办人及时办理收入入账工作，及时确认收入。此外，还应加强高校财务审计，重视对"暂存款"账户的审计工作，应细查每笔业务的来龙去脉，加强其他应付款的监督管理工作。

3.按成本效益原则选择借贷资金

随着高校办学规模的扩大和基本建设的需要，高校面临着巨大的债务压力，已经影响了高校的日常工作的正常运行。高校不仅要控制贷款规模，还要考虑筹资成本和资金使用效益。另外，高校必须提高自身的资本运营能力。各高校应根据自身的教育特点和学科优势，发展核心竞争力，以在激烈的教育市场上处于有利位置，保证生源的稳定，确保学费收入稳步增长；高校还应利用自身的资源优势，多渠道筹措资金，可以与大型企业合作，改善教学质量、提高就业率的同时增加自主创收收入；加大科研开发力度，尽快将科研成果进行转化，在为社会提供高科技产品或知识服务的同时也为学校增加一定的经费收入。

4.编制货币资金预算，加强资金预算管理

高校应加强资金预算管理，量入为出，将财务预算做到"细""全""深"，严格控制资金支出，提高资金使用效益。对于经常性支出预算，按需支出，对于建设性预算支出，要进行审批，对可行性进行评价、严格进行论证，设立偿债基金预算，以保证按时还本付息，防止资金链断裂；同时，高校应重视货币资金的管理，在编制年度收支预算的同时，应编制货币资金预算，每月编制资金预算表，对下期资金收付事项提前安排，以对现金流进行严格控制，保持资金平衡。高校应根据专项项目和科研项目周期比较长的特点，分阶段编制预算，将项目管理和资金管理结合起来，既能保证高校日常运营资金需求，又能合理持有货币资金，提高资金使用效率。

5.完善资金管理的监督机制，健全高校质量评估机制

高校内部审计部门应加强预算审计、绩效审计、经济责任审计、专项审计等工作，建立完善的风险导向内部审计制度，特别是对于高校的投资建设项目，要加强对贷款资金使用和管理的全程监管，对项目绩效进行评价；政府部门应加强对高校的财务监督职能，对高校资金的日常运行、筹资活动、投资活动加强审计和监督职能，及时发现问题、解决问题、降低资金风险；尽快建立健全高校质量评估机制，优化质量评估方法，将高校的绩效与拨款挂钩，对高校拨款的使用效益、效率和质量进行评估，加强资金管理。

第三节 高校财务困境综述

一、高校财务困境的概念

采用现金流量标准界定高校财务困境的具体原因如下：

第一，我国的"公办普通高校"是典型的非营利性组织，因此利润等衡量营利能力的指标并不适合界定高校财务困境。

第二，高校会计的确认、计量和报告是以收付实现制为基础的，现金流量指标在高校财务管理中的地位更为重要。所谓收付实现制又称现金制或实收实付制是以现金收到或付出为标准，来一记录收入的实现和费用的发生。按照收付实现制，收入和费用的归属期间将与现金收支行为的发生与否，紧密地联系在一起。换言之，现金收支行为在其发生的期间全部记作收入和费用，而不考虑与现金收支行为相连的经济业务实质上是否发生。

第三，从我国《企业破产法》规定的角度看，国有企业的破产界限为"因经营管理不善造成严重亏损，不能清偿到期债务"。其实质是不能清偿到期债务。这意味着，在衡量财务困境的标准问题上，现金流量标准比盈亏标准更重要。

第四，基于理财学的基本原理，经济实体的价值应等于预期的现金流量的净现值。如果没有足够的现金支付到期债务，而且又无其他途径获得资金时，最终将破产。过去和现在的现金流量能很好地反映经济实体的价值和破产概率。

很多学者还将财务困境划分为不同的状态，每种状态代表着财务困境的不同程度。1987 年，Amy Hing-Ling Lan 对财务困境概念的发展是：按财务困境的严重程度，将财务困境划分为不同状态，并对各个状态的内涵作了界定。他在"五状态财务困境预测模型"一文中将企业财务状况分为五个状态，这五个财务状态分别是：状态 0：财务稳定；状态 1：取消或减少股利；状态 2：技术性违约和债券违约；状态 3：处于破产法 X 或 XI 章保护下；状态 4：破产和清算。Amy Hing-Ling Lan（1987）认为从状态 1 到状态 4 企业处于财务困境状态，并且其严重性逐渐增加。根据 Amy Hing-Ling Lan 的观点，取消或减少股利是企业财务困境开始的信号，破产和清算意味着企业的终结，财务困境达到最严重的、最后阶段。1997 年 Richard Morris 列出了 12 条企业陷入财务困境的标志，其严重程度逐次递减：①债权人申请破产清算，企业自愿申请破产清算，或者被指定接收者完全接收；②公司股票在交易所被停止交易；③针对持续经营，会计师出具了保留意见；④与债权人发生债务重组；⑤债权人寻求资产保全；⑥违反债券契约，公司债券评级或信用评级下降，或发生了针对公司财产或董事的诉讼；⑦公司进行重组；⑧重新指定董事，或者公司聘请公司诊断师对企业进行诊断；⑨被接管（当然不是所有被接管都预示企业陷入财务困境）⑩公司关闭或出售其部分产业；⑪减少或未能分配股利，或者对外报告损失；⑫公司股票的相对市场价格出现下降。

借鉴 Amy Hing-Ling Lan 和 Richard Morris 的研究思路，财务困境的发生也是一个循序渐进的过程。如果一个高校现金流量发生困难，会依次出现以下五种逐渐加重的财务困境层次：

第一，银行贷款到期后，因无法归还贷款本金，出现"借新债还旧债""展期"或与银行谈判进行债务重组等情况；

第二，延期支付工程建设的工程款；

218

第三，不能按时如约支付正常采购的应付款项如煤水电气费用，购买设备、设备维护；

第四，不能按时如约支付贷款利息；

第五，学校内部正常运转所需费用的支付情况异常由于支付能力不足，对日常教学、科研所需费用采取延期支付、限制报销等措施。

这五个层次是依次加深的财务困境层次例如当困境①出现时，高校的正常运作一般并不会受到影响一困境③出现时，高校的正常运作往往会受到不利影响，但影响面较小困境⑤出现时，高校运作将陷入全面混乱。因此，随着每一个层次的状态出现，说明高校的财务困境状况越来越严重。

二、高校财务困境研究综述

1.高校财务困境成因研究文献综述

王伟（2008）对高校财务风险的成因进行了详细的分析，认为管理层风险意识淡薄，大规模扩招，资金结构不合理、项目投资回收期长，体制改革滞后等原因都是引发高校财务风险，使得高校陷入财务困境的原因。

雷振华（2007）将高校财务风险的形成原因归纳为两方面，一方面为外因，如政策风险、利率风险和法律风险，另一方面为内因，如支付不足、债务国度、不注重资金使用效率等，是高校财务预警中必须考虑的。

罗少强（2007）认为目前高校财务管理中存在工作目标不明确、管理体制不顺畅、资金使用不规范、会计监督难兑现等问题，使得高校不能合理的分配和使用资金，加大了高校陷入财务困境的概率。

2.高校财务困境对策研究综述

罗少强（2007）认为应从强化高校财务管理的角度解决高校的财务风险问题，如转变领导及财务人员观念，加强财务监督，建立内部控制机制和提高预算管理水平等。

赵玉梅，李雅婕（2008）认为高校应从增强增强风险意识、提高管理水平，构建高校财务预警体制和提高管理水平等方面降低高校陷入财务困境的概率。

王伟（2008）在对高校财务风险的成因进行研究提出了以下几方面的对策来降低高校的财务风险，①树立风险意识，提高决策科学化水平，预防财务风险。②坚持科学发展观，加强筹资管理，优化资产负债结构，降低财务风险。③政府与高校联动，携手加强对高校贷款的管理，有效控制财务风险。④充分利用现有资源，拓宽经费筹措渠道，分散财务风险。⑤加强预算管理，勤俭办学，提高财务效率，有效缓解财务风险。⑥建立财务风险预警系统，规避财务风险。

郑鸣，黄光晓（2008）在用贝叶斯分类模型对高校财务困境进行分析后，提出了以下几方面对策：①建立高效信用风险评级机制。高校主管部门在合理确定高校贷款额度的同时，可引入外部资信评级机构，建立高校信用风险评级机制。这样，不仅可控制高校财务风险，而且对于不同信用等级的高校，金融机构在贷款放贷过程中可以运用利率杠杆进行风险调整，可减轻金融机构放贷风险同时节约高校资金成本。②借鉴国外非营利组织的管理思想。国外非营利组织已有近百年历史，在管理和运行机制方面拥有相当完善和高效的体系。我国高校可借鉴其管理思想，引入非营利组织管理机制，完善高校治理结构，提高高校综合管理水平，制订长远战略规划，改进经营策略，摆脱资金来源单一的困境。③对我国现行高校会计制度进行改革。以非营利组织会计为高校会计制度发展方向，以基金会计为高校会计模式进行改革。修正会计核算基础，逐步由收付实现制为主向责权发生制会计制转移。同时，增加或调整相应会计科目，将基本建设纳入学校财务统一核算，重现构建高校财务报告体系，以利于高校财务信息的及时披露，发现潜在的财务风险。

第四节　高校财务困境的制度背景

1999 年以后，我国高等教育实行了扩招政策，在此后的几年间，我国高等教育进入了一个加速发展的时期，办学规模持续扩大，教育资源快速扩张，高等教育规模跃居世界第一，跨入了国际公认的大众化阶段，实现了历史性跨越。但与此同时，我国许多高校却陷入了债务泥潭，出现财务困境。财务困境的产生从表象来看是我国近年来高校扩招政策的实施直接导致教育资源不足，高校为满足这种需要过度负债融资造成的。实质通过我们的观察和更深层次考察，我们发现高校陷入财务困境，既有体制原因，也有政策原因。本节从我国高校管理体制与教学评估的影响和中国积极财政政策与高校扩招等方面，探讨高校出现财务困境的制度背景。

一、我国高校管理体制与教学评估的影响

我国高校目前因盲目扩张、资源浪费等造成的高校财务困境，无不与高校管理体制和制度相关。与社会的其他领域不同，我国目前高校由于其

产品的专业性、复杂性和效益的滞后性，基本处于失去社会评价和监管的状态，只存在来自政府部门的行政管理。虽然，高校管理体制随着我国经济、政治体制的转型发生了很大的变革。但计划经济体制下建立的政府与高校的关系基本没有改变，许多大学设立了驻京办事处，必须事事"跑部前进"。与此同时，副部级大学的设立，使大学的官场化、行政化达到了新的阶段（杨东平，2006）。高校的功利化行为和决策的盲目性，进一步加剧高校财务困境。

从 1987 年改革开放至今我国的高校管理体制经历了从探索、起步到全面推进的一个演变过程，体制变迁与制度创新在相当程度上冲破了原有体制的束缚，逐步建立起了与社会主义市场经济相适应的高校管理新体制，在一定程度上实现了高等教育的制度创新并结出了丰硕成果，推动了高等教育的发展。但由于政治体制、行政体制改革的滞后，传统的决策模式、参与过程、政策工具等尚未发生实质性的变化。这种管理体制深层积弊逐渐显露，引起高校竞相扩大规模，过度融资，大兴土木，盲目攀比，以致造成财务困境，主要表现在：

第一，高校是政府的直属机构。长期以来，我国高校实行的集权式管理体制，政府是高校的所有者，处于主导和决定性的地位，对高校具有权威性的促进或限制作用，高校则处于从属和被领导地位。高校的管理形式在某种程度上仍然是政府管理职能的一种延伸，高校必须无条件地服从政府的管理，执行教育行政主管部门的指令。长期以来带有鲜明的"工具性"色彩，成为一种政治工具，这些都难以避免地造成高校管理成本的高昂和管理效率的低下。

第二，政府直接干预高校的具体运作。在我国目前高校还未建立起依法行政、依法治校的机制，政府善于用行政审批和计划手段直接管理高校事务，处理政府与高校关系，高校则因先天劣势，无力维护自己的权利。致使高校存在"大而全""小而全"的现象突出，资源浪费严重，高校的办学效益在无绩效考核的轨道上运行，加剧高校盲目建设，致使投入过大，产生财务风险。

第三，政府对高校管理的盲点。高校属于国家所有，但是产权不清晰。政府作为高校的国有资产的投资主体，在体制改革后形成自主办学，但是政府并没有强调由教育主管部门作为高校国有产权的代表，履行对高校资产所有者的职能，以致高校缺乏真正的所有者，从而造成国有产权虚置，来自所有权的外部经济监督被弱化。一些高校在校园建设中互相攀比，追求奢华，不顾条件、不计后果地大举借贷，造成严重后果。

第四，高校管理体制混乱。我国高校实行的是"党委领导下的校长负责制"，从权力分配角度看，"负责制"是对高校决策权与执行权的分离，即党委被授予决策权，校长被授予执行权，两者相互制衡。但是，在具体实践中，这种权力分配平衡常常被打破。比如，对某大学事件，有关部门的调查结论是校长失职的一个主要原因是把本应由集体决定的重大事项由个人决断。问题在于，该校多达亿元的资金，校长竟然能够一人做主，交给某公司，其权力制衡机制弱化，其实，高校的扩张也与此有关，一些高校之所以敢不顾自身实力，盲目扩张，动辄投资数亿元资金扩建，与权力制衡机制失控、大学主要负责人独断专行有相当关系。基建投资巨大，在权力监督机制缺位的情况下，存在着巨大的权力寻租空间，仅此一条，就足以令高校的负责人有盲目扩张冲动。另外，贷款来自国有银行，高校也是国家的，一些校长确信，无论高校欠债多少，国家也不会将之破产。在这两种因素的共同作用下，高校的扩建乃是一种必然。无论资产流失还是盲目扩张，都与高校主要负责人权力过大而又缺少制约有关，这是导致高校财务困境加剧的主要根源。

二、中国积极财政政策与高校扩招的影响

在经过改革开放以来特别是 20 世纪 90 年代上半期的持续快速增长之后，我国经济在 20 世纪 90 年代中后期在国内外环境不断变化，尤其受 1997 年亚洲金融风暴的影响，经济增速出现下降，经济结构失衡，经济消费需求不足，通货紧缩形势严重。为了改变我国面临经济困难的压力，改变经济疲软状况，我国政府 1999 年采取了增加投资、扩大内需的宏观经济政策。1999 年，高等教育成为积极财政政策的调控对象。最终实施了高校护招政策，使高校热衷于采用银行贷款方式筹资改造校园、新建校舍、新增设备、扩大基础设施建设等，造成过度融资，以致高校大面积负债经营，身负巨额债务，是高校陷入财务困境的又一重要制度背景。

1.积极财政政策促使扩张高等教育规模

1999 年，我国经济发展面临的国际国内环境更加严峻。从国际上看，亚洲金融危机不断蔓延，世界经济增长速度进一步放慢，世界贸易环境渐趋紧张，加大了我国国际市场的竞争压力，国际资本流入发展中国家的数量趋减。从国内情况看，我国经济经历了二十年的高速增长进入了一个调整时期。改革和发展中长期积存的一些深层次的矛盾，在国际国内经济环境急剧变化的情况下更加突出地显现出来，经济运行机制转变滞后，经济增长质量不高，供给结构不能适应市场需求的变化，农民收入增长缓慢，

国有企业效益下高，金融风险问题不容忽视。在以上因素共同作用下，国内有效需求不足的矛盾更加严重，通货紧缩的趋势继续发展。为此，1999年国家继续实施积极财政政策。政府果断推出了以发行长期建设国债为主要标志的积极财政政策和稳健的货币政策成为拉动中国经济增长的两驾马车。

2.高校扩招是加剧高校财务困境的直接原因

不管有多少人认为大学扩招是高等教育发展的必然趋势、是精英教育进展到大众化教育的时代要求，然而，不容否认的是从一开始，我国大学扩招的推动力就在于解决内需问题。也就是说，扩招的目的在于解决国内经济问题。就此而言，我国高等教育大众化，其推力主要并不在于根据经济发展的需要和就业结构的调整来相应增加国民受教育的比例，而是出于经济的目的。这一初始动机就使得在高等教育大众化的政策实施过程中，教育发展的规律、高等教育与整个国家社会经济发展之间的协调关系并没有得到充分的考虑，这就为扩招之后的一些相关问题产生埋下了伏笔。这其中最重要的就是资金紧缺，造成巨大债务。

三、中国高校财务管理体制及贷款政策的影响

对于我们来说，高等教育大众化是高等教育发展的重要阶段，它不仅使诸多学子圆了大学之梦，同时也加剧了高等教育资源的紧张程度。目前，我国主要以现有的承担教育任务的高校为主体，以国家减少投入，让高校自己承当相关费用的方式实现高等教育大众化，这种方式存在着一个主要的弊端就是使高校承担着巨大的财务风险。这是因为，扩招是行政命令的结果，而费用却高校自筹。从这个意义上来说，这种市场化只能说是一种

变相的市场化，因为市场的主体不是高校，它很难做到量入为出，我国高校财务困境的出现正是这种现状所造成的。

第五节　高校财务困境预警理论

一、财务困境预警的理论基础

预警是在评价和预测的基础上，度量未来某种状态偏离预警线的强弱程度，并发出预警信号的过程。预警一词最早源于军事，并在社会政治、环境保护以及经济管理等领域得到广泛应用。高校财务困境预警是以高校这一主体作为考察对象，属于微观领域的预警。

财务困境预警的研究从西方兴起至今已有 40 余年的历史，从实证和数据挖掘角度研究的居多，虽然总体看，财务困境预警理论基础相对薄弱而且几乎都针对企业危机或企业财务困境，但以下几种理论仍可对高校财务困境预警研究的起到借鉴作用。

1.宏观经济预警理论

20 世纪 80 年代开始，我国学者对宏观经济预警理论体系做了大量的研究，形成宏观经济预警的理论框架。经济预警从逻辑上分为四个阶段：明确警情、寻找警源、分析警兆、预报警度。明确警情是大前提，就是明确监测预警的对象，并确定警情的程度，是预警研究的基础。寻找警源是预警过程的起点，是对警情产生的根源进行定性因素分析。分析警兆是预警过程的关键环节，是对警源演变为警情过程中的外在表现分析。预报警度是预警的目的。警度是依据警情的严重程度，把警情指标划分为不同的等级，如无警、轻警、中警、重警和巨警五个等级，或粗略地划分为有警和无警。预警方法可分为指标预警、统计预警和模型预警三种。指标预警是利用警兆的某种反映警级的指数进行预警。统计预警是对警兆与警情之间的相关关系进行统计处理，然后根据警兆的警级预测警情的警度。模型预警是建立以警兆为自变量的滞后模型进行回归预测，分为线性模型预警和非线性模型预警。高校财务困境预警作为经济预警的一个职能分支，应以经济预警理论框架为指导，结合高校财务困境的具体特点，来构建相应的理论体系。

2.现金流量理论

Blum 被公认为建立企业失败预警研究理论框架第一人，James E.Walter（1957）、W.Beaver（1966）、M.Blum（1969，1974）等对现金流量理论的形成也做出了贡献。现金流量理论以现金流的视角对企业的失败进行解释，摒弃了之前对指标的盲目测试。

现金流量理论把企业看作是一个"水库"（reservoir of liquid assets），流入增加水库存量，流出消耗水库存量，水库对流入流出起缓冲作用，不能偿还到期债务被视为水量耗尽。该理论涉及 4 个重要概念：一是水库自身的规模；二是来自经营的净流动资产流量，用它衡量经营活动（operating activities）补充水库的金额；三是承担的债务，用它衡量对水库潜在消耗的大小；四是经营所需资金的支出，用它衡量经营支出消耗水库的规模。

现金流量理论用水库存量与流量对经济主体的财务困境做了一个比较形象地诠释。基于上述概念，引出财务困境判断的四个假设：

（1）"水库"规模越大，陷入财务困境的可能性越小；

（2）来自经营活动的净流动资产（如现金）流量越大，陷入财务困境的可能性越小；

（3）债务负担越重，陷入财务困境的可能性越大；

（4）用于经营支出的资金越大，陷入财务困境的可能性越大。

根据现金流量理论，对高校生存的观察重点，就是要维持"水库"规模和流入与流出的某种比率。

3.自由现金流量假说

自由现金流（Free Cash Flow）作为一种价值评估的新概念和新理论备受理论界和实务界的关注。它最早由美国西北大学拉帕波特、哈佛大学詹森等学者于 20 世纪 80 年代提出。针对当时美国石油、烟草、广告、食品等行业从繁荣走向衰落，看到管理者把在成熟阶段囤积的大量现金运用于一些不必要的多元化收购以及投资后纷纷走向失败的情形，迈克尔.詹森（Michael C.Jeneen）教授将代理理论引入财务领域，分析了经济人假设和信息不对称条件下企业管理问题，在创立代理成本理论的基础上提出了自由现金流量假说。詹森认为自由现金流量指企业现金流量在满足了净现值大于零的所有项目后的剩余部分。其后，许多学者对自由现金流量进行研究，提出了如"自由现金流量就是为所有经内部收益率折现后有净现值的项目支付后剩下的现金流"（詹姆斯·范霍恩，1998）；再如"自由现金流量是企业通过持续经营业务产生的、在支付有价值的投资需求后能向企业所有资本供应者（股东和债权人）派发的现金总量"（罗伯特·C·希金斯，1998）等。虽然自由现金流量没有一个严格的定义，尚"没有一个分析师可以运用现金流量表的数据计算出精确的自由现金流量，只能大致地预测"（肯尼斯·汉尔尔，尤西·李凡特，2001），但它通常指在不危及公司生存与发展的前提下可供分配给股东和债权人的最大现金额。

科普兰（1990）比较详尽地阐述了自由现金流量的计算方法：自由现金流量等于企业的税后净营业利润加上折旧及摊销等非现金支出，再减去营运资本的追加和物业厂房设备及其他资产方面的投资，表示为：自由现金流量=（税后净营业利润+折旧及摊销）-（资本支出+营运资本增加）。

4.生存因素理论

生存因素理论试图通过寻找企业管理和战略上的弱点来解释破产。Argenti，Slatter 以及 Grinyer 大多将管理的失误作为企业经营失败的主要原因，如错误决策、管理缺陷、对环境变化的反应速度太慢等。国内佘廉教授的研究也指出，财务困境最本质的原因是企业管理水平的落后。研究者认为，企业内外各种因素影响其生存能力，如果各种因素适当搭配，企业的生存机会将会增大；如果各种生存因素存在冲突和矛盾，企业的生存将无法保证，甚至激化酿成破产。

Argenti（1976）认为影响企业生存有三种因素：①企业自身的特性因素；②其所在产业的特性因素；③其面临的整体环境因素。"企业特性因素"属于内在的因素，大部分是可控的，如经营者管理能力、企业的组织结构、自有资金的大小、生产技术的优劣等；产业特性因素根据企业的竞争能力和控制能力而有所不同；整体环境因素多为不可控；这些因素交互作用，最终都会体现在企业绩效和价值上。

Sharma 和 Mahaj an（1980）进一步对企业失败过程给予解释，认为企业运营困难绝非一朝一夕所致，企业生存受内在与外在因素的相互影响。

错误的管理是导致运营困难的主要原因，而绩效指标的恶化则是发生运营困难的征兆。

根据生存因素理论，可以通过研究困境形成机制，借此挖掘警兆指标达到预警目的。

二、基于现金流量的高校财务困境界定与判别

高校财务困境被界定为：高校产生现金时间和数量的不确定性积聚到一定水平爆发，出现现金流短缺甚至断流，已危害高校正常运行，它是财务状况不佳的一种极端状态。

基于静态视角，高校财务困境是财务风险突破临界点爆发后产生的一系列表现；基于动态和发展的视角，风险积聚的过程也是困境从潜伏到发作到恶化的演进过程。预警的首要任务是风险的识别，如果能对高校财务状况的变化过程进行评估，就可以对可能发生的财务困境加以提前判断，对风险状态水平进行解释，以便对症下药治病救人。

高校经营性质决定了对其进行财务风险评价基于现金产生的不确定性。这种不确定可能分布在运营、投资和筹资任何一个环节，并通过现金运行和流转传递和蔓延，不断演化和升级，就像小病不经治疗终将酿成大病一样。尽管在疾病早期，我们无法判断人体患有何种疾病，然而通过对人体表现出的各种外在症状，基本可以得到关于该个体是否患病的结论，财务困境预警的思想和疾病诊断的原理是相通的。

本书试图通过现金流指标的异常变化，识别和捕捉高校财务状况的不良表现，从而对变化的原因和趋势进行分析，最终通过控制实现预警机制。对一所高校当前所处的财务风险水平进行评估有利于发现潜在负面因素，

根据现金流量的存量和流量指标识别一所高校所处的风险等级就是本节所指的基于现金流量的财务困境判别。

第十章　高校财务风险防范机制及审计预警机制研究

第一节　高校财务风险防范对策

一、外部环境防范

1.推进高校会计确认基础改革

为了满足和适应高等教育体制改革、财政公共体制改革以及高校内部改革发展的需要，财政部对 1998 年的旧制度进行了全面修订，最终颁发了新制度，2014 年 1 月 1 日起正式施行。在旧制度下，权责发生制用来在高校中国用以核算经营性收支业务，而收付实现制则成为除了经营性业务以外的教育、科研、行政管理等业务的核算基础。然而伴随着公共财政体制改革和高校管理体制改革在我国的进一步推进和深化，高等教育在我国基本实现了由"精英教育阶段"向"大众教育阶段"的跨越式转变。高校的收入渠道由原来的单一财政拨款逐步向财政拨款、捐赠、联合办学、校办产业、科研成果转换等多渠道并存转变，绩效考核模式也逐步由过去的以"预算执行考核"为主转向"以效益考核"为主，在这样的情况下，高校的内外环境都发生了很大变化。旧制度下过于简单的收付实现制会计核算方式，无法准确地计算高校的办学成本。这种会计核算方式已经不能适应高校的发展现状和实际需要。为完整准确地反映高校的资产负债状况和运营绩效，新会计制度已经适度引入权责发生制，这说明高校的会计核算方式向企业核算制度趋同已经是大势所趋。只有严格把控核算方式，才能将全面监控高校作为单独法人实体可能存在的内部风险，也便于高校内部进行风险控制，外部机构进行风险审查。

2.完善高校财务报表体系

高校目前的会计报表体系主要还是以满足政府部门需求为主导，由资产负债表和收入支出表及其补充表构成，这一财务报表体系已经不能满足高校的发展需求。首先，高校应增设现金流量表来提升对风险监控能力。现金流量表揭示了现金及现金等价物在日常经营过程、投资、筹资过程中产生的现金流量。高校通过编制现金流量表，可以结构性地分析日常经营活动、投资活动、筹资活动对现金及现金等价物的影响，加强现金流动管理，并且有助于预测未来产生现金及现金等价物的能力。现金流量表揭示的信息有助于该高校对日常运营资金的数量和结构进行分析，从而预测各板块风险。并且，随着高校改革的推进，高校作为法人需要面对包括银行在内的更多利益相关者对于其信息披露的需求，银行也能通过现金流量表来增强对高校财务风险预测的准确性。其次，考虑到财务风险评估对信息要求的全面性，外部监管机构应该通过要求高校补充财务报表附表的形式来丰富高校的财务报表体系。

3.加强外部审计

政府审计和内部审计是我国目前主要的高校财务报表审计方式，暂时还没有完备的外部审计制度。政府审计通常是不定期审计或专项审计，主要针对的是高校的财务收支、专项资金及预算执行情况，而不是高校的全部经济业务或事项。内部审计是由高校的内部审计部门开展的，其独立性远低于外部审计机构。由于没有第三方独立审计的财务报表，高校往往难以发现自身可能存在的风险隐患。因此，为严格把控高校的财务风险，应该加强外部审计，规避因监管不力而可能出现的财务风险。

在审计方法上，高校应该注重横向延伸审计和纵向跨年份审计。在横向上，不仅审计高校主体，更应该审计其附属单位。目前公立高校附属企业资产基本都归属高校的资产管理公司，从这个角度讲，高校资产管理公司已经属于有一定规模的企业集团公司，具备一定融资能力。高校应避免因为附属单位过度融资给高校才来的财务风险，注重对于有融资能力的附属单位的监管，对附属企业进行全面审计。在纵向上，高校的外部审计应该注意时间上的延伸，首先结合连续年度的财务数据关注在静态下隐藏的财务风险，其次关注之前年度已经排查出来的财务风险点是否得到修正。

二、内部财务管理

1.构建制度环境

我国公立高校现行的管理形式为：外部政府主导，内部党委领导下的校长负责制。这种管理形式的特点在于决策程序主要依赖领导个人或集体，而非制度依据；且国内高校的制度管理尚未深化，大部分依靠政府推动。本研究认为，高校财务管理应该以构建制度环境为基础。这里的制度为广义的制度系统概念，既包括制度系统也包括内部组织结构。在制度系统体系中，高校应引入现代企业的管理理念，构建决策分析、实施和监督相互独立且互相约制的治理机制，保证大学决策的科学性和财务工作的良性操作。在内部组织结构建立方面，高校财务管理人员的道德素质和专业素质是非常重要的影响因素。学校管理者除了财务知识，审计知识等专业素质外，还应该有强烈的风险控制意识。高校财务管理岗位人员需要定期更新他们的财务知识和风险控制知识培训，不断提高他们的专业素质和专业技能。

2.突出预算控制

以上对高校财务风险的普适性问题和案例性问题分析都表明了全面预算管理的重要性。高校资金来源的特性也决定了其预算管理的核心地位。因此，我国公立高等学校必须着重强调高校日常运营和投资的预算管理体系。具体做法上：首先应该做到从预算的"工作应对"向"主动控制转变"。高校要提高办学水平就必须通过制订适合与自身发展战略相适应的预算管理办法，为有限的教育经费资源提供可充分发挥效用的管理平台，而不是为了迎合上级主管部门或财政部门的需要，使预算管理形同虚设。其次，预算管理应该注意设定科学的预算管理原则："量入为出，持续发展"。即在保证完成各项任务和指标的情况下，平均持续地将预算分布在各个时期，做到可持续发展。

3.加强投资流程控制

高校投资风险主要包含基建投资和对外投资两个部分。对于基建投资主要问题在投资决策方面。因此，高校应该强化投资决策流程梳理，在投资前期、中期进行严密的投资论证从而支持投资项目启动和变更的决策，避免在工程建设后期才意识到资金缺口。而对外投资分析主要问题在于运营监控方面。由于对外投资企业所有权与管理权的分析，就不可避免出现代理成本，加之高校领导层缺乏营利性项目的管理经验，其代理成本就更高。因此，高校应该在考虑到管理权限分配的情况下，适当增强对校办企业的监控，加快对企业的企业改制，通过科学的公司治理结构体系监控对外投资企业的运营状况。

4.提高内控效率与效果

随着高校发展速度的加快和办学规模的持续扩张，在这种情况下，传统的内部控制措施与手段亟待更新。其中重要的保证内部控制效果的手段是建立健全决策与信息披露机制。对于信息披露的可靠性方面而言，对在建工程、债券资产、无形资产的披露应添加在现有的披露信息的基础上，特别是对于金额巨大的建设工程来说这一点尤为重要，提供能够满足利益相关者及主要信息使用者需要的客观全面的会计信息。对于信息的有用性方面而言，高校的财务管理活动与学校的教学科研及其他建设工作有着密切的相关性。因此，为了使学校管理层和职能部门的领导能够在第一时间了解有关本单位的管理动态和会计信息，应规定让财务部门定期通报本单位会计和相关管理信息，从而规避由于信息沟通不通畅以及由此带来的效率低下等问题。在日常运作中，高校还应有效地整合学校网络资源，加强高科技与现代化管理手段在财务管理及内部控制活动中的应用，充分发挥网络财务的作用，构建完善的财务管理机制与内部控制信息资源库，全面提升内部控制体系运转的效率与效果。

第二节　防范高校财务风险的审计预警机制构建原则和功能

一、防范高校财务风险的审计预警机制构建的必要性与可行性

1.防范高校财务风险的审计预警机制构建的必要性

（1）日益加剧的教育市场竞争

近年来，日益加剧的教育市场竞争要求高校必须加强对风险的防范意识。在经济和金融全球化的今天，高等院校也在一定程度上受到市场的影响高校要在竞争中生存和发展，就必须时刻保持风险意识，居安思危，及时做好财务风险的防范和预警工作，才能保证高校更长远更健康的发展。

（2）高校内部管理的要求

高校内部管理目前还不规范，客观上要求高校改变事后处理而强调事前预防的方法，建立各种监控预警机制。高校要想在竞争中处于有利地位，就必须不断提高自身的适应能力和抗风险能力，必须创造、发展和创新自身的核心竞争力，高校在管理过程中的稍微一点疏忽都有可能给学校带来大风险。因此，高校必须要从自身情况考虑，构架一个合适的风险预警系统，从风险源开始监控风险存在的可能性，变事后管理为事前预防。

（3）教育信息化形势下的要求

高校的信息化建设是我国教育信息化的一个重要环节。《国家中长期教育改革和发展规划纲要（2010—2020 年）》中提出，高校要加快部署教育信息网络，要加快教育信息化发展速度，将教育信息化纳入国家信息化

发展整体战略之中。通过多年的建设，我国的高校信息化已经成为高校教育改革、创新管理模式和人才培养模式的重要途径。大部分高校都建立了不同程度的信息化管理操作系统，建立了校园网。但从总体水平来看，我国高校的信息化建设仍然存在以下缺陷：首先，高校由于经费限制，首先会考虑教职工工资和教育条件方面的支出，而信息化投资巨大，往往会被资金情况所限制；其次，学校对教育信息化的认识不够，信息化建设未引起相关领导的足够重视，很多高校的信息化建设由于缺乏统一的指导和规划，显得杂乱无章；最后，教职工信息化水平的限制导致信息化建设滞后。高校还有很多教师都是聘请外校的退休教师，或者刚毕业的学生，信息技术水平不高，缺乏信息化建设的热情。

教育信息化如火如荼地进行，信息量的扩大、信息不断公开和知识更新速度加快，都要求高校在出现不好的苗头时，能迅速做出反应和决策，建立财务风险预警体系可以提高高校的反应能力。社会已经发展到信息时代，新技术和新发明层出不穷，随着互联网技术的发展，各种各样的信息会涌向高校，在激烈的教育市场竞争中，谁的信息化管理水平高，谁就主动；谁的反应速度快，谁就抢占了先机。

2.防范高校财务风险的审计预警机制构建的可行性

构建防范高校财务风险的预等机制，就是通过设立一个预警方案对高校实施监控，并将监控所得数据与预警数据库进行比较，及时对超出范围的数据发出预警信号，并据此提出解决问题的对策和建议。这种预警机制的构建在目前的情况下是可以实现的。

（1）审计技术的发展

信息技术的高速发展，推动了全球的信息化进程，IT 技术被运用到社会生活的各个领域。计算机技术也理所当然地被引入到审计之中，并成为审计最重要的工具。传统审计方法具有审计范围狭窄，审计效率低下等缺点，面对当前复杂的高校经济活动，传统审计已经很难满足目前的审计需求。而计算机技术与审计的完美融合，很好地解决了这个不足。

（2）互联网技术的推动

目前，互联网已经成为我国信息化基础设施的一个重要组成部分，为社会信息化做出了不可磨灭的贡献。同时，互联网技术的发展也延伸到了高校，高校信息化建设也已经正在部署和实施。互联网技术的发展，为获取信息提供了很大的便利。目前我国大部分高校已经实施并建立信息化的内部管理体系，高校实施这种高速高效的信息化管理系统，为其建立财务风险预警系统提供了及时准确提供预警信息的平台。所以，建立一个有效的防范财务风险的审计预警机制，保证高校的健康发展，在目前来说是完全可行的。

二、防范高校财务风险的审计预警机制构建原则

基于防范高校财务风险的审计预警机制，指通过多个子系统，收集高校财务信息，并对这些信息进行分析和处理，从而可以得知高校所处的财务风险水平。具体来说，构建防范高校财务风险的审计预警机制主要有以下几个原则。

1."惯性路径"原则

惯性指物理学的一种现象，运用到经济学中指市场经济主体习惯按照自己熟悉的路线或者惯例行事。这个原理同样可以运用到高校财务风险的预警机制当中：高校的主要财务风险就是负债筹资，那么高校一定有其自身独特的筹资习惯或者手段，甚至对这种方法产生依赖。要高效率的防范高校的财务风险，就必须抓住财务风险源，了解高校的风险传导路径。寻找高校的财务风险源就可以按照高校习惯的路径，监控好高校惯用的筹资手段，并通过深入考察，具体分析，辨别哪些是引发高校财务风险最主要的风险源，并对其进行监控和评价，这样才能有效地从源头控制风险。

2."诱发联动"原则

"诱发联动"原则指在构建防范高校财务风险的审计预警机制时，要坚持系统论的观点，系统是由多要素组成的一个整体，这些要素相互协调、相互作用、相互影响，其中一个微小要素的变化都可能导致系统发生不稳定。财务风险的形成包括风险源、风险传导机制和风险受体，三者缺一不可。构建防范高校财务风险的审计预警机制时，也要从整体出发，寻找和把握高校财务风险的风险源固然重要，但是财务风险传导机制也是不可缺少的，最后还要分析由于内外部传导机制的作用而诱发的一系列问题，从而给风险受体带来的危害。在风险预警机制构建之后，还应有相应的保障机制，保证风险预警机制的正常有效运行。

3."动态完善"原则

高校财务风险的审计预警机制相对来说还是一个新生事物，还没有统一的理论和现成的实践可以学习和借鉴，需要在实践中不断改进和完善。在构建预警模型的时候，只有通过对高校的财务状况进行较长一段时间的评价考核，才能更加明显、充分的反映出其财务状况的大趋势，在对高校的考核评价中，要剔除其中单一年份观察的偶然性，坚持动态完善的原则，根据内外部环境的变化，不断对财务风险预警模型加以修订，使整个预等机制更加适合高校的发展。

三、防范高校财务风险的审计预警机制主要功能

财务风险审计预警系统在当今主要是用于企业防范和预测风险的一个重要工具，对于高校财务风险的防范也具有很大的借鉴意义，防范高校财务风险的预警系统主要有以下几个功能（图10-1）。

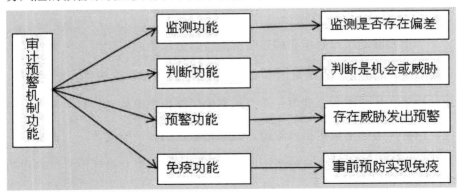

图 10-1　防范高校财务风险的审计预警机制功能

1.监测功能

财务风险审计预警机制的监测功能指系统通过对高校一系列经济活动的跟踪和监控，将涉及资金的项目同预算进行比较，并对高校的预算收入和支出情况进行对比，观察是否存在偏差以及存在偏差的原因，如果发现潜在的财务风险，就要立即发出报警信号。潜在的财务风险可能通过相关的财务指标表现出来，一旦相关的财务指标超过预警值，就要准确的定位

风险存在于哪个环节，以便做出正确的财务风险防控决策。监测功能贯穿高校经济活动的方方面面，包括教学、科研、后勤服务以及其他环节。

2.判断功能

判断功能指当审计预警系统监测出偏差时，能够正确判断该偏差是属于积极偏差还是消极偏差，积极偏差就是机会，消极偏差则属于威胁。当高校财务存在潜在的危机时，系统能够根据存在危机的风险传导路径，逆向识别潜在的风险源以及对各个可能的风险源之间的动态关系及后果进行判断，及时寻找出可能导致高校财务状况出现风险的原因。这样高校管理者就可以知道存在的问题，可以制订恰当的方案从源头控制风险。

3.预警功能

预警功能是财务风险审计预警系统的关键功能。系统在收集了大量的财务信息后，对这些财务信息进行整理和归类，分辨出哪些是风险。在相关的财务指标出现异常的时候，系统可以根据指标值超出临界值的程度发出不同层次的预警信号，这样就会提醒财务管理人员及时辨别财务风险，及时制定相应的措施，以防止损失扩大化。同时，财务风险预警系统内部存储的大量信息能够通过一定的形式来引起财务管理人员的注意，起到一定的提醒作用。

4.免疫功能

财务风险审计预警系统能够对相关财务指标进行分析，通过对存在的偏差进行分析，快速的发现潜伏在高校内部的财务风险，对于一些常见的财务风险，信息库中储存的数据和风险库中的风险都能够帮助财务管理人员做好相应的措施，预防此类财务风险再次发生，进而实现对此类风险的"免疫"。同时，预警系统对于风险的来龙去脉以及可能造成的损失都有提示作用，能够帮助高校管理者正确做出风险决策，并为以后所借鉴。仅仅实现对高校财务风险的预警，并非建立财务风险审计预警机制的最终目的，最终目的是通过此系统，对高校运行过程中存在的问题进行及时调控，如此良性循环，最终达到"免疫"高校财务风险的功能。

第三节　防范高校财务风险的审计预警机制保障措施

一、加强高校审计规范建设

内部审计制度是高校内部审计事业发展的基础，所以必须要加强高校审计的规范性，主要包括高校内的审计工作人员准确的理解力和有效的执行力。高校内部审计工作一直以来保持组织独立，其相关的制度也一直不断地进行完善，这些和高校领导的指导和关怀是密不可分的，而这些也正是高校内审建设不断趋于规范，不断趋于成熟的必不可少的条件；高校内部审计部门必须重视审计规范化建设，不断建立和完善高校内部审计的规章制度，并将审计规章制度及时传达给上下各级审计人员，使内审人员明确审计规范的具体要求和内容，严格遵照内部审计规范开展日常内审工作，及时防范财务风险。主要措施可以分为以下几个方面。

1.实行审计结果公告制度

高校审计公告意义为高校的相关审计机构在一定的范围（一般指学校）公开审计重要事项。主要涵盖财政收支，经济责任，专项资金和基础设施建设等相关的审计结果。目前我国高校的审计公告实践较少，实行审计结果公告的大多仍处于审计信息公告阶段，要真正地做到审计后公告，即实行完全意义上的审计结果公告还存在很大的难度。实行审计结果公告制度的优点与缺点并存，有弊有利。

当然，对于公告的流程和结果应该要做到有章可循，提高审计工作质量，防范审计结果公告风险，积极稳妥地逐渐扩大审计结果公告的对象范围。审计结果的公告也是衡量内部审计工作是否合乎规范的标尺，审计结果公告制度无形中会起到一种警示作用，督促各部门提高审计质量、积极防范财务风险。

2.建立健全审计结果跟踪整改落实机制

审计结果指高校内部相关的审计机构遵循一定的流程的进行审计，审计结果要求被审计单位落实的决定、建议或者意见等。被审计单位必须认真执行审计结果意见报告，对需要整改的方面要认真制定切实可行的措施，进行整改纠正，并及时将落实整改纠正的措施反馈给相关审计部门。凡属违纪违规的问题必须及时处理或纠正，对于管理方面的问题应该采取整改措施，同时应完善和健全高校的内部控制制度。落实审计结果过程中应该实行责任制，各负其责。对于审计结果，要有完善的跟踪整改落实机制，这样才能进一步的促进审计效益，提高审计意见落实率。

二、加强高校审计队伍建设

1.加强专业培训，提高审计执行能力

（1）以提高能力为中心，加强学校内审人员的专业素质

高校内部审计业务的多样和繁杂，对高校内部审计人员也提出了更高的要求。高校内审人员不仅要具备丰富的专业知识，还应该了解很多其他方面的知识和技能。如相关的财经法规、管理知识、软件技能等。提高高校内部审计人员的能力可以从以下几个方面予以加强：首先，要进行岗前培训和在职培训，更新员工的知识，鼓励员工积极了解新的财务规范和财经法规等，加强专业素质；其次，要坚持学用结合，学以致用，实际工作与相关业务培训要相得益彰，提升内部审计人员的专业水平；最后，要引导内部审计工作人员进行审计相关的理论研究，结合具体的审计实践，大力推进审计人才继续教育制度，保证学校内部审计人员有时间接受必要的继续教育。

（2）推进内部审计人员的工作保障机制和考核机制建设

高校的审计队伍建成要从全局出发，抓住根本，立足基础，着眼长期。实施工作保障机制，完善考核评价体系是其中的一个重要环节，对员工有着很大的督促和激励作用。构建工作保障机制可以安定人心，使员工都能够安心认真工作。根据教育部第 17 号令及审计署 2003 年第 4 号令的相关规定，高校应当设置内部审计部门、配置具有审计业务能力的工作人员，鼓励审计人员依法办事。同时还应当保证审计工作所需的经费，解决审计人员在工作中遇到的各种困难，解决其后顾之忧。要确保审计工作人员的地位，对于其工作权威性要保障，鼓励审计人员在参与审计的同时要进行

自我监督，鼓励有贡献的工作人员以调动员工的工作积极性。另外，对于审计人员的工作氛围和工作环境，要有确实的措施给予保障，使其团结和谐，共谋发展。建立完善审计人员考核评价体系，在必要的时候也要优胜劣汰，优化审计队伍。

2.提高思想觉悟，加强职业道德建设

（1）强化思想水平和道德水平建设，具备正确的价值观和人生观

从某种程度上来说，内部审计是对高校经济活动的监督。内部审计工作不同于其他一般性工作，对审计人员的价值观和人生观也有着较高的要求。首先，要帮助审计人员具备正确的理想信念和价值观，做到爱岗敬业；其次，内部审计人员要增强使命感和责任感，以维护学校经济安全为己任。内部审计人员可以通过加强自身修养，在学习好业务知识的同时，加强自身的思想素质。

（2）重视审计文化建设，提高审计人员抵抗腐败的能力

温总理提出的"坚持原则、敢于碰硬；严谨细致、客观公正；廉洁自律、甘于奉献；与时俱进、开拓创新"32字原则，是对审计人员的要求，也是对整个审计行业的要求。要深刻领会审计文化的核心价值和根本内涵，进一步加深对审计文化研讨，大力宣传审计文化，建设浓郁的审计文化环境；充分发挥审计文化对于凝聚审计人员力量的作用；员工在工作上和生活中出现问题时要及时提供帮助，使他们感受到和谐的单位人际关系，始终保持健康和积极向上的良好心态。

三、加强高校审计信息化建设

信息技术的发展推动了现代科技革命的不断进步，各种高新科技的应用也深入到了社会经济发展的每一个角落，同时也为教育提供了很大的挑战和机遇。高校愈来愈依靠信息系统管理相关的学校活动，高校内部审计作为学校控制和管理系统的重要组成部分，面对目前复杂的网络环境，如何正视信息化的影响，利用飞速发展的信息科技进一步开展好信息的审计工作，关系到高校的日常管理和后续发展。

1.加大高校审计值息化投资

2002 年批复的"金审工程"项目是审计信息化建设的重要一步，该项目建成之后，为全国各级审计机构的信息化提供了一个共同的网络平台，按照《2004 年至 2007 年审计信息化发展规划》的任务，先后建成审计专网、审计内网和 internet 接入网.高校也应该利用现在已有的公共网络资源，建立起高效、畅通的资源信息收集渠道，不断完善和充实信息资源，逐渐实现与别的高校审计部门和审计机关之间实现资源共享。

首先，要加大对硬件设施的投资，如对计算机、复印机和打印机等设备的投入，对网络资源的充分利用必须以硬件设施为前提。这就需要学校的审计部门积极争取高校领导的支持，多渠道筹集硬件设备投资资金。

其次，要加大对信息化人才的投资。由于计算机技术的高速发展，高校审计部门的审计人员多为财务专业人员，很多审计人员计算机应用能力仍然应留在较低水平。随着硬件设施的投入，学校应配备相应的计算机维护人员和审计软件操作人员。学校审计部门还应举办信息知识培训，提高计算机操作能力。

最后，要将信息化运用到实际的审计工作中去。目前我国高校由于种种因素的制约，审计信息化水平较低，大多停留在手工审计阶段.各高校应该充分利用高科技带来的优势，增加信息化投资，提高审计信息化水平，加快实现审计技术现代化。

2.加快高校审计软件系统开发

近年来，高校内部管理需求不断深化，对审计工作效率也提出了更高的要求，各高校都纷纷进行会计电算化改革，运用各种财务软件进行核算，这也对学校的审计工作提出了更高的要求。开发高校审计软件，提高审计工作效率已成为当务之急。

高校审计软件不同于其他行业的审计软件，但与它们之间有着重要的联系。他们的审计程序相同，审计风险也相同。在审计程序方面，不管是高校审计软件还是企业审计软件，都要经过数据输入—审计准备—审计实施—审计报告这几个环节。在审计风险方面，高校审计软件和企业审计软件都存在着很多手工审计时期所没有的风险，比较典型的有数据录入风险、软件操作风险以及软件管理风险等。

相对于其他行业，高校的审计又应该有其独特性，主要有以下几个方面：第一，审计种类的多样性.学校内部审计工作种类繁多，主要涵盖财务收支、基础设施建设、预决算、经济责任和招投标审计等。因此，开发审计软件时应该考虑其兼容性，能适应不同的审计种类。第二，会计处理的跨行业性。高校本身是事业单位，其财务活动按事业单位标准核算；而例如校办企业之类的机构，则应该按照企业的会计制度进行核算。因此开发的审计软件不仅能对事业单位财务数据进行处理，同时也可以对企业财务数据进行处理。第三，财务软件的多样性。高校内部各个部门由于业务性质不同，财务核算也大相径庭。目前也没有办法对学校各个部门所使用的软件进行统一，对于审计工作中面对的财务软件种类繁多的状况，开发审计软件应该注意对不同财务软件产生的会计数据实现兼容。

参考文献

[1]陈艳.高校财务风险预警系统研究[D].沈阳大学，2018.

[2]杨妍哲.我国高校财务风险评价指标体系构建研究[D].北京化工大学，2017.

[3]徐明稚.高校财务风险及预警防范机制研究[M].上海：东华大学出版社.2015.

[4]程希.我国公立高校财务风险防范研究[D].东华大学，2017.

[5]李琼.高等学校财务风险预警系统研究[D].东北财经大学，2016.

[6]王旭林，朱永良编著.高校财务治理结构构建研究[M].兰州：兰州大学出版社.2009.

[7]肖璐.我国高校财务风险内部控制研究[D].江西财经大学，2016.

[8]许幸.湖南 GY 高校财务风险预警与防范研究[D].南华大学，2015.

[9]李长山著.现阶段我国高校财务管理的若干问题研究[M].北京：北京理工大学出版社.2017.

[10]凌立勤.我国高等学校债务风险预警系统研究[D].中国地质大学（北京），2013.

[11]朱清秀.防范高校财务风险的审计预警机制研究[D].安徽财经大学，2014.

[12]王旭林，朱永良编著.高校财务治理结构构建研究[M].兰州：兰州大学出版社.2009.

[13]王蕊.高校财务风险预警研究及实证分析[D].西安建筑科技大学，2013.

[14]李珊珊.我国高校风险控制研究[D].中南民族大学，2013.

[15]胡服著.中国高校财务管理探索[M].昆明：云南人民出版社.2014.

[16]石金龙.黑龙江省高校财务风险预警系统构建研究[D].黑龙江大学，2013.

[17]郑晓薇.基于现金流量的高校财务困境预警研究[D].东华大学，2012.

[18]陈四清，包晓岚主编.财务管理学[M].南京：南京大学出版社.2017.

[19]薛建辉.高校财务风险预警模型的建立及应用研究[D].燕山大学，2012.

[20]尹念.高校财务风险预警体系的构建研究[D].湘潭大学，2011.

[21]武金陵编著.高校经济责任审计研究[M].重庆：重庆大学出版社.2013.

[22]李惠.河北省省属高校财务风险评价与预警研究[D].河北经贸大学，2011.

[23]王慧.高校贷款风险及其控制研究[D].中国海洋大学，2010.

[24]赵娜，杨国庆编.财务管理学[M].重庆：西南师范大学出版社.2017.

[25]郜蕊.高校财务风险评价及其预警研究[D].西安科技大学，2010.

[26]赵晓娟.我国公办高校贷款风险控制与化解研究[D].复旦大学，2010.

[27]任爱莲著.现代财务管理学[M].北京：中国财政经济出版社.2017.

[28]刘宝莹.高校财务风险控制研究[D].东北林业大学，2010.

[29]李烁.河北高校债务风险分析与预警系统研究[D].燕山大学，2010.

[30]张向东.我国高校财务问题研究[D].吉林大学，2009.

[31]刘宇.我国高校财务困境成因与预警研究[D].南开大学，2009.

[32]王志焕主编.财务管理学[M].北京：北京理工大学出版社.2017.

[33]董军.普通高校财务风险的评价与控制研究[D].山东师范大学，2009.

[34]贾际.我国高校财务危机预警研究[D].哈尔滨工程大学，2009.

[35]郭雪飞主编.财务管理学[M].北京：对外经济贸易大学出版社.2013.

[36]王琳琳.我国高等院校贷款风险管理研究[D].山东大学，2009.

[37]王卫星.高等院校内部控制框架体系的构建及其应用研究[D].南京理工大学，2008.

[38]顾新莲，胡永和主编.财务管理学[M].成都：电子科技大学出版社.2013.